浅草と高尾山の不思議

東京を再発見する大人の旅

案内人
川副 秀樹

言視舎

イントロ

はじめに。本書は観光案内書ではありません。強いていえば裏路《うらみち》案内書でしょうか。浅草（浅草寺《せんそうじ》）と高尾山（薬王院《やくおういん》）の類似点、つまり不思議スポットとしての共通した魅力を相対的な視点から再発見しようというものです。だからちょっとオタク的な解説、一般観光客が素通りするようなポイントの紹介などが多いことをあらかじめご承知ください。お寺側にとっては少々迷惑かもしれないテーマも追求しています。しかしその分、寺院や商店街が発行するような本やパンフレットではまず知り得ない情報がたっぷり詰まっています。

まず皆さまもご存知の通り、筆者が少なからずここ数年で気付かされた興味深い現象、いや異様ともいえる浅草と高尾山の人気と人出についてです。

南北朝時代から始まり、江戸時代、明治の激動期、大正の震災、昭和の戦災を通じた長い時間をかけて、浅草と高尾山の上空に混沌と渦巻いていた「聖と俗」のカオスが平成の今になって、突如として外国人や若者の姿を借りて地上に舞い降りてきたようなのです。

自撮り棒を手にウキウキとメロンパンや天狗焼を食べています。

筆者は彼らを「現代日本文化の狩人」「聖俗ミュータント」いやもっと端的に「カオス族」とでも呼びたく思っています。彼らは仕組まれた縁起や長い時間をかけて取得した利権に捕らわれることはありませんが、不思議スポットを発見する鼻がきくのです。

本書はそのような彼らの手引き書のつもりでも書きました。本心をいえば日本人の歴史や信仰観の本当のおもしろさ、奥深さに気付いていただきたいと願っているのです。

台東区浅草の金龍山浅草寺には年間三千万人の観光客が集まるといわれ、八王子市高尾町の高尾山には三百万人の人が登ってくるといわれます。もちろん浅草は都会、高尾山は郊外ですし、それぞれの歴史的なスケールも、成り立ちも大きく違いますが、お江戸・大東京の東西を代表する現代の、この二大不思議スポットに、あたかも呼応するかのようにカオス族が降臨し始めたようです。

具体的な数字は摑めませんが、現場に立てばはっきり感じます。最近はアジア系の人も多い上、国籍不明の日本人も増えましたから外見だけではなかなか判断しにくいのですが耳を澄ませばいろいろな外国籍の人たちが驚くばかりの割合を占めているようです。

あくまでもイメージですが浅草の仲見世で五割、高尾山の1号路（表参道）で三割を占めているといった感じでしょうか。カオス族のほとんどは、浅草寺の本坊は伝法院で天台系の聖観音宗、高尾山薬王院（以下薬王院）の寺号は有喜寺で真言宗智山派の寺院であることなど全く気にしていません。正直なところ「聖」に対して「俗」の圧勝です。

でも、じつは昔からこの二寺院は聖と俗、さらに権力と利権が雑多に混ざり合って存在してきたのです。「失礼な！」と怒る方もいらっしゃるかも知れません。神聖な寺院仏閣が俗に交わり、まして嘘やホラなどつくはずがないと思っている人は確実にいます。しかしそれ（伝承や奇跡談、収益努力）なしに宗教施設が存続するのは不可能なのです。この二寺院は、ある意味その状況を充分甘受しながら時代の荒波・逆境を乗り越えてきました。

本書はそれらの聖俗混濁を批判しているものではありません。ただし本書では寺院の縁起に書かれた歴史は「創作された物語である」ということを前提としています。しかしそれを暴こうとか批判しようという意識はありません。ただ寺院も神仏もいつまでもきれい事や奇跡談ばかり並べたてて信者を増やす時代は終わっていると考えています。したがって結果的に多少辛辣《しんらつ》なことも書いています。

これらを前提として読んでいただければ、日本の歴史や文化に対する真の興味が涌き、信仰の深みを知り、この二寺院の何が面白いのか、なぜ仏教徒でもない外国人や、自分達を仏教徒と意識していない若者が寺院に集まるのかを計り知ることができます。

さらに筆者が強く意識して書いたことは江戸時代、信仰は大衆の心の拠り所であると同時に、娯楽、慰みでもあったということです。このおもしろさに感づいた人々が、それを浅草寺や薬王院に見つけ出し、今の繁栄＝国際的大ブレイクにつながっているのです。

浅草と高尾山口は私鉄―ＪＲ―地下鉄を乗り継いだ路線を利用すると約一時間半の距離です。互いの寺院の境内までの徒歩を入れて二時間程ですが、今この「二大不思議スポット」は時間と距離を超えて共鳴しているといえます。その震源こそ「カオス族」の鼓動と足音ではないでしょうか。この二寺院は信仰と娯楽を完璧に合体させているのです。

筆者は都内において「東京発掘散歩隊」を主催し足繁く浅草に通っています。一方では八王子市の高尾山で東京都主導の「高尾パークボランティア会」に参加して十四年。高尾山や浅草寺における庶民信仰や民俗を研究・観察してきました。

平成十八（二〇〇六）年には長野県戸隠《とがくし》・飯綱《いいづな》地域と東京都高尾山の飯縄《いづな》信仰との係わりについての著書『スキャンダラスな神々』（龍鳳書房）を、また平成二十四〜六（二〇一二〜一四）年にかけては都内の歴史民俗を散策しながら歩く『発掘散歩シリーズ・三部作』（言視舎）を発表しています。これらの活動を通じて直感した浅草と高尾山の不思議な類似点――それぞれの歴史、聖と俗、権力との駆け引き――などをあぶり出し比較検証して、その少し怪しげな魅力を読者の皆さまと共に再発見したいと思う次第です。

浅草寺や高尾山薬王院に集まる外国人を含む大多数の人々は、それぞれの本尊である観音菩薩や飯縄大権現に祈りを捧げるためにやってきたとは限らない。つまり参拝というより観光が目的である。もともと日本庶民の信仰は娯楽・遊興と切り離せない関係にあった。したがって彼らを不信心というには当たらない。

浅草寺の仲見世はいつも混雑している。行く手に見えるのは宝蔵門。

薬王院の仁王門下。この階段を登れば大本堂。

目次

浅草と高尾山「不思議」再発見の旅

第二章　環境・風俗を比べてますます納得 055

浅草寺：宝蔵門（かつての仁王門）の下。人の流れは今も昔も変わらない。左は『江戸の盛り場／伊藤晴雨』より

高尾山：今の１号路（表参道）入口に立っていた「高尾山一ノ鳥居」は絵を見ると両部鳥居だ。清滝の下には「弁天」と「天神」が、参道の右には今に比べるとずいぶん質素な「不動院」が描かれている。『八王子名勝志』より。国立国会図書館蔵。

第一章　国際的観光地の浅草と高尾山、どこか似ている

金龍山浅草寺と高尾山薬王院の共通点は
ズバリ「歴史と共に熟成された猥雑さ」です。
これこそが宗教や信仰を超越した国際的な魅力なのでしょう。
この節操のなさは観光地の宿命ともいえますが
寺社側も甘受しているからこその結果なのです。

[共通点1]
境内に主役に劣らぬ神社がある

ご存知のように江戸時代までは神社も寺院もあまり区別されませんでした。「神さま仏さまご先祖さま」の感覚です。明治政府が神仏分離令（神仏判然令）を出すまでは全ての寺院というわけではありませんが、神社（特にその土地の神さま）がお寺を護り、お寺が神社の管理をしていました。

浅草寺の境内には三社祭で有名な「浅草《あさくさ》神社（三社権現社）」が、高尾山薬王院の境内には極彩色の彫刻が美しい「飯縄《いづな》権現堂」があります。ほかにも浅草寺には「被官《ひかん》稲荷」、薬王院には「福徳稲荷」などもあります。

浅草神社

かつては三社権現社《さんじゃごんげんしゃ》とよばれました。権現とは仏尊が日本古来の神や人の姿で現れること、またはその姿のことで、あくまでも仏教側の理屈なのですが、良くいえば「神は仏の本質の一部であり、それゆえ神仏は一体である」という理屈です。ちなみにかつては徳川家康も権現として境内にお祀《まつ》りしていました。

　この三社権現社は隅田川河口で漁撈《ぎょろう》中に浅草寺の本尊である聖観世音菩薩を投網《とあみ》の中に発見した檜前浜成《ひのくまのはまなり》、竹成《たけなり》兄弟とその主人である土師眞中知《はじのまつち》（まなか、土師中知《はじのなかとも》とも）の三人を権現として祀った神社です。これは有名な『浅草寺縁起』に書かれた由来です。しかし、はじめは三人からぞんざいに扱われていた一寸八分（二寸二分とも）の黄金の像を粗末な草堂を編んで最初に祀ったのは十人の草刈り童子たちで、彼らは後に十社権現社の祭神になっています。この十社権現社は明治までありました。

　ただし上記『浅草寺縁起』は古いもので南北朝の内乱が終わってからのものといわれていますから一三九〇年代以降、室町幕府が確立してからの創作で、『応永縁起』『慶安縁起』『寛文縁起』などがありますが、いずれも内容は大同小異です。縁起中では檜前浜成、竹成兄弟は漁師のように書かれていますが実際は浅草一帯で牧場を経営する郷士でした。

　その主人であった土師眞中知は、能見宿禰《のみのすくね》の末裔です。宿禰は出雲の勇士で当麻蹴速《たいまのけはや》と相撲を取り、勝ったことで有名です。後に垂仁《すいにん》天皇に仕え、皇后の葬儀にあたり殉死に代わる埴輪の制を考案して土師臣《はじのおみ》の姓《かばね》を与えられ、土師馬手《はじのうまて》と名乗りました。

　つまり土師眞中知と檜前兄弟はこの浅草一帯、上総へ渡る「豊島駅」のあった要所を支配していたのです。それでこの三人の子孫たちは彼等を永久に祀らせるような由緒を創作した、と筆者は考えます。といいましても三社権現の尊厳を損なうつもりではありません。縁起や家系図とはもともとそのような目的で書かれるものなのです。

飯縄《いづな》権現堂〈高尾〉

薬王院の権現堂前で鳥居や注連縄《しめなわ》を見て「えっ、ここお寺じゃないの?」と不思議そうにつぶやく人はよくいます。「ここは寺か神社か、どっちだっ!」と憤慨するご年配を見かけたことがあります。それに対して薬王院側は「ここには神官がおりませんので神社ではありません」などと少々投げやりな答え方をしています。本来は「僧侶が奉祀している神社です」と答えるべきなのでしょう。

とはいえ、じつはこの「不可解さ」「いい加減さ」「曖昧さ」こそが大多数の日本人の宗教観ではないでしょうか。歴史的に見て江戸時代まではこのように寺院と神社が混沌と融合していた状態こそが普通だったのです。明治時代の初めに強引に寺院と神社、僧侶と神官が分けられてしまっただけなのです。

さて本来、薬王院の本尊は読んで字の如く薬王=薬師如来=東方瑠璃医王だったのですが、今は飯縄大権現《いづなだいごんげん》とされています。明治時代には飯縄不動明王と称していました。つまり不思議なことに薬師如来《にょらい》↓(菩薩を飛び越えて)↓飯縄明王《みょうおう》↓飯縄権現と仏尊界においての本尊の格式がどんどん下がっているのです。もちろん寺院サイドの都合＝戦略なのですが、それだけ本尊自らが庶民に親しく近づいているように思えます。

ところで飯縄権現（飯縄明神とも）とは長野県飯綱山《いいづな》（飯縄山《いいづな》とも）で武門出の修験者・千日豊前と千日太夫の親子が二代で修得・感得した神で一種の武術・忍法を伴います。

ちなみに信仰的な読みは「いづな」、地名の読みは「いいづな」が一般的です。長野での飯縄権現は勝軍地蔵《しょうぐんじぞう》、荼枳尼天《だきにてん》、飯縄三郎天狗が合体した山の守護神です。

当初は戦神《いくさがみ》として上杉謙信、武田信玄、北条氏康などの錚錚《そうそう》たる戦国武将の信仰を得、高尾山では北条氏照が保護しました。しかし泰平の江戸時代に入ると戦神としての役割を終え、修験者たちは山から里に下ります。そこで忍法転じて一種の魔法「飯縄の法」として存続します。彼らは管狐《くだぎつね》という憑きものを使役するため「飯縄使い」と呼ばれて人々から恐れられ、幕府からは邪法として弾圧されるようになります。

そこで薬王院ではこの邪法と本尊の飯縄大権現を区別するため、京都から来た俊源大徳《しゅんげんだいとく》という高僧が高尾山中で厳しい修行によって独自にこれを感得したと、これも薬王院の縁起（寛延縁起）によって唱えています。これが功を奏してか江戸時代には盗難火災除け、雨乞いの神、明治には養蚕の守護神として庶民から信仰されました。一方では薬師如来からの流れが断たれたわけではなく、引き続き病気平癒の利益も期待されていたようです。

神社の外見的特徴は狛犬、鳥居、注連縄などだが、その形状はさまざま。日本には八百万の神々がいると考えられているから、その祭神も千差万別。中でも浅草神社の三社権現と飯縄権現堂の飯縄大権現は個性的な神々だ。

←↓浅草神社。浅草寺の境内もここまで来ると人が少なくなる。

↖飯縄権現堂の前に立つのは添脚が手前側にしかない変形の両部鳥居。
←飯縄権現堂には垂（しで）付きの注連縄が掛かる。境内で一番古い天狗像が立つ。

［共通点2］
誰一人拝んだ者がいない伝説の本尊

推古天皇三十六（六二八）年、土師眞中知《はじのまつち》と檜前浜成《ひのくまのはまなり》、竹成《たけなり》兄弟主従が何度も網に掛け、そのたびに捨てたと伝えられる一寸八分（約55ミリ）の閻浮壇金《えんぶだごん》（上質な黄金。プラチナらしい）製の観音像については様々な憶測が語られています。

それで、浅草寺縁起によりますと、そのわずか十七年後の大化一（六四五）年、浅草寺に留錫《りゅうしゃく》（滞在）し、後に開基といわれる勝海《しょうかい》上人の夢にその観音が現れました。そして自らを永久秘仏として厨子《ずし》に納めるよう告げたというのです。この時上人に「毎日自分を拝むのは無礼である」と伝えたそうですが（後述）、どこへでも姿を変えたりしながら現れ、人々を救済して回る観音さまのお言葉とも思えません。

いずれにせよ、以来千三百七十数年、誰一人そのお姿を拝した者はいないことになっています。ところが平安時代初期には慈覚大師円仁が当地に留まり秘仏をモデルにして前立《まえだ》ち像（秘仏の代理として開帳される像）とおふだの版木を彫っています。

しかも浅草寺は長久二（一〇四一）、承暦三（一〇七九）、永和四（一三七八）、寛正三

（一四六二）、明応二（一四九三）、天文四（一五三五）、元亀三（一五七二）、寛永八（一六三一）、同十九（一六四二）、安永一（一七七二）、慶応一（一八六五）、大正十二（一九二三）、昭和二十（一九四五）年と十数度にもわたる災害・火災に遭っています。浅草寺の観音像は開帳されたことはありますが、それは上記の前立ち像ですから、秘仏ははじめからなかったとまではいわずとも、「本尊不在説」が囁かれるのも無理からぬことなのです。

同じようなことは薬王院の場合についてもいわれます。やはり縁起によりますと、京都の醍醐山から入山した俊源大徳という高僧が飯縄大権現を感得して像を彫り祭祀したのが永和年間（一三七五〜一三七八）といわれています。ただ、像を彫ったのは俊源ではなくいずれからか現れた異人で、七日間で彫り上げたといいますが、この像もまた誰一人としてお姿を拝していません。本来は権現堂の本殿内に祀られているのでしょうが、代々の貫首《かんしゅ》（寺内で最上位の人。現在は三十二世隆玄）ですら見たことがないと噂されています。

また、こちらの縁起が書かれたのは寛延二（一七四九）年ですし、薬王院に残された最古の文書も永禄三（一五六〇）年のものです。やはり薬王院も先の戦災にこそ遭いませんでしたが、何度も火災や台風・地震などによる土砂災害に遭っているのです。

以下それぞれの事情をもう少し詳しく述べてみましょう。

黄金の聖観音伝説の変転〈浅草〉

前に述べました勝海《しょうかい》上人が観音堂に参籠し、黄金の本尊を日夜拝しながら堂宇《どうう》の修造に腐心していたところ、自分の三衣一鉢《さんえいっぱつ》が忽然と紛失したといいます。これらは喜捨を乞うための僧の必需品ですから勝海は悲嘆にくれました。

すると、ある夜観音が出現しておっしゃるには「汝ほしいままに我が容を拝する冒瀆の罪、至心の帰依ありといへども、いかでか冥顕《みょうげん》の恐れなからんや、こは汝を罰せんとにはあらず、懲《こら》さんがためなり」と宣《のたま》ったのです。要するに「自分のような仏界の尊《とうと》い存在を、お前さんたち俗界の者の目に晒《さら》すでない。ジロジロ見るな」ということらしいのです。

もちろん三衣一鉢はすぐに発見され、勝海はますます堂宇の増修に力を尽くしたといいますが、それ以来この観音像は秘仏とされ、たとえ寺の住職といえどもその姿を見てはならぬことになったのです。漁師の網にかかり、草刈り童たちが作った草庵に祀られた時から比べると、何がお気に召さなかったのか、ずいぶん尊大になってしまったといわざるをえません。

以来当山に帰依した歴代の権力者たち、つまり武蔵国の国守となり今の浅草寺の繁栄を築いた平公雅《たいらのきんまさ》をはじめ藤原成実、源義朝《みなもとのよしとも》・頼朝親子、足利尊氏、足利持氏、北条氏綱、太田道灌、徳川家康など、名だたる要人・支配者がそれぞれ寺領を安堵・寄進し、堂宇を増修・

再建したにもかかわらず、誰一人これを一瞥する光栄に浴することはできなかったのです。

それでも現在の前立て本尊（開帳仏）は平安初期の天長五（八二八）年または天安元（八五七）年に浅草寺の中興開山の慈覚大師が本尊を模刻したものといわれますから、理屈では大師も秘仏を見ていることになります。ただしこの木像は遠方からでも拝めるように拡大されて二尺二寸（七二・六センチ）もあり、したがって厨子も二尺五寸（八二・五センチ）あります。このとき版木の御影《みえ》も作られ、これが私たちもおふだを手にすることができる柳の御影のモデルとなるのです。とはいえ現在の版木は大正十四（一九二五）年に再彫されたものですから、ご本尊のお姿がどこまで忠実に再現されているのかわかりません。

ちなみにこの開帳仏の観音像は承応三（一六五四）年から万延《まんえん》元（一八六〇）年まで二十四回開帳されています。開帳は莫大な収入源になりますので、これで堂宇の再建や修理費をまかなうのです。

一方で今戸二丁目にある長昌寺のホームページには「毎月十八日は一寸八分の観音様のご縁日」とあります。これは浅草寺の本尊と全く同じサイズです。

長昌寺は日蓮宗の寺院で弘安二（一二七九）年、日寂《にちじゃく》上人の開基です。じつは日寂は寂海という浅草寺第三世の座主でした。ある日、この地に留錫して辻説法をしていた日蓮宗の僧・日常上人と宗論を交わしましたが、すっかり打ち負かされ、ただちに身延山に登って日蓮聖人に接し、改宗して日寂の名を賜ったといいます。

浅草寺に帰った日寂は全山をあげて日蓮宗に改宗すべく主張しましたが成就せず、日寂は意を決して一寸八分の観音像を古銅の宝塔に納めて背負ったまま浅草寺をたち退き、浅草の北隣り、橋場の地に一宇を開創しました。しかし当初の堂宇は隅田川に接した地に建立されたため洪水の被害を受けます。この時、梵鐘も流されましたが再び引き上げられることはなく、これが「鐘が淵」の地名のいくつかある由来の一つになっています。そしてこの観音像こそが例の本尊であろうと噂する者が絶えないことは致し方ないところです。

また観音像は、武蔵国国守任命にあたり、報謝のために本堂をはじめとする堂宇を建立した平公雅《たいらのきんまさ》の夢枕に立ったこともあります。この時、観音さまは公雅に浅草の沖に生ずる青・赤・黒の海藻を食べれば無病息災、来世には仏果を得るであろうとのお告げをしています。これが浅草海苔のはじめです（064頁参照）。

明治になりますと廃仏運動（仏法を排斥する思想）の影響もあって本尊の存在を確認しようとする動きが出ます。

秘仏臨検役の太政官官吏が二十人ほどの従者を率いて参拝人を追い出し、ズカズカと内陣に踏み込み観音像の厨子に手をかけたのです。ところがそのとたんに官吏はもんどりうって畳の上に転落、悶絶したといいます。しかもこの時の対象は開帳仏のほうであり、本尊ではありません。

また『浅草寺日並記』（編：浅草寺史料編纂所）にある記録では明治二（一八六九）年六月十六日神祇官《じんぎかん》の役人十人ばかりが寺に乗り込み、厨子を開いて本尊を改めたとあります。帰りがけに「ご本尊は大切にお守りなさい」と挨拶していったそうです。

そこで、このまま本尊の存在を知らぬ存ぜぬで通しても寺の沽券《こけん》にかかわると、この一件に刺激された惟雅《ゆいが》僧正と念仏堂をあずかる周諦坊《しゅうたいぼう》、目付役人の大橋亘《わたる》（121頁にも登場）の三人が失明どころか死をも覚悟で秘仏である本尊を確認することになりました。

彼らは開帳仏と背中合わせにして隠された裏観音とよばれる立像の首を抜き、胎内に納められた布で包んだようなものを引き出します。布は十重にも二十重にも巻かれていて初めは白と思われましたが、千三百年の時を瞬時に飛び越えてたちまち茶褐色に変色したといいます。震える手で素早くそれを解いていくと光り輝く親指程度のご本尊が現れました。これこそ黄金の観音像であったそうです。

そして本尊確認後、巻き戻した布の一部が納まりきらなかった。これは我々に下さったものだと直感した三人は、その余分な布を切って秘蔵していたそうですが、今や当事者たちは誰一人としてこの世におりません。また、鉄や銅などより融点の高い白金を当時の人がどうして鋳たのかも不思議だそうで、しばらくの間は秘仏存在説が有力となりましたが、浅草では網で観音をすくい上げた三人の漁師（じつは浅草の豪族）と最初に観音を祀った十人の草刈り童（じつは土地の有力者）を三社権現と十社権現として祀った。仏教には十三仏を信仰する追善供養があるように、この人々も十三人である。

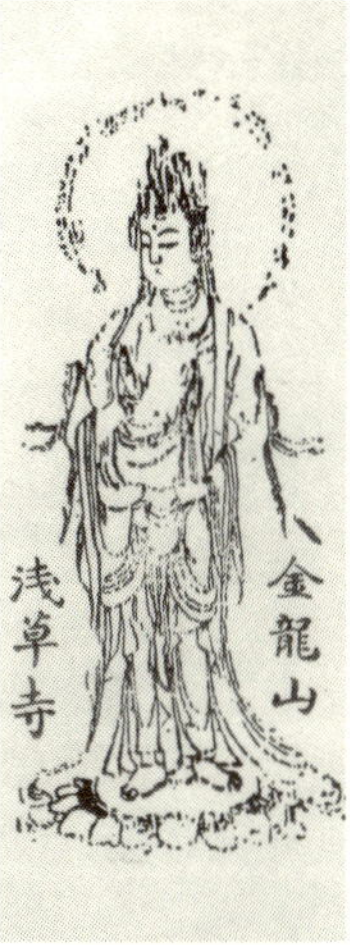

柳の御影。

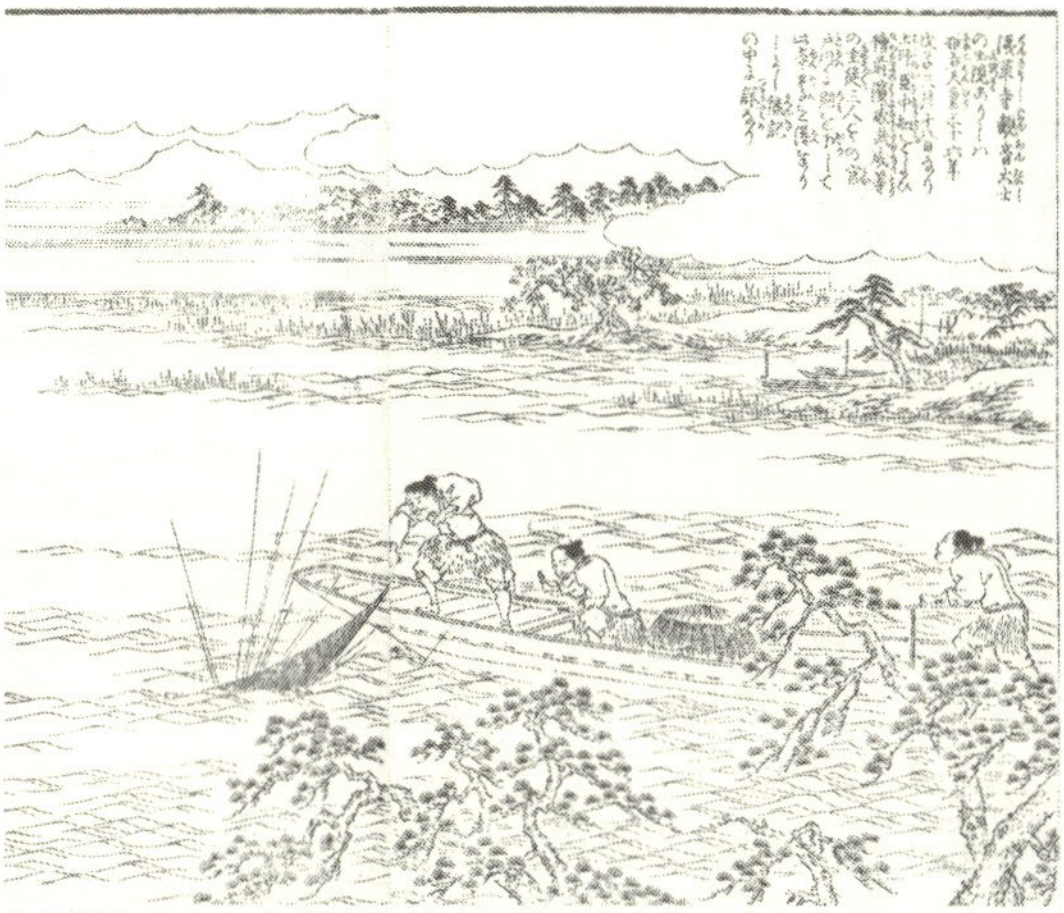

七回網にかかった観音像は六回捨てられたことになる。つまり観音自らが彼らに祀って欲しいと強く願ってのことらしい。

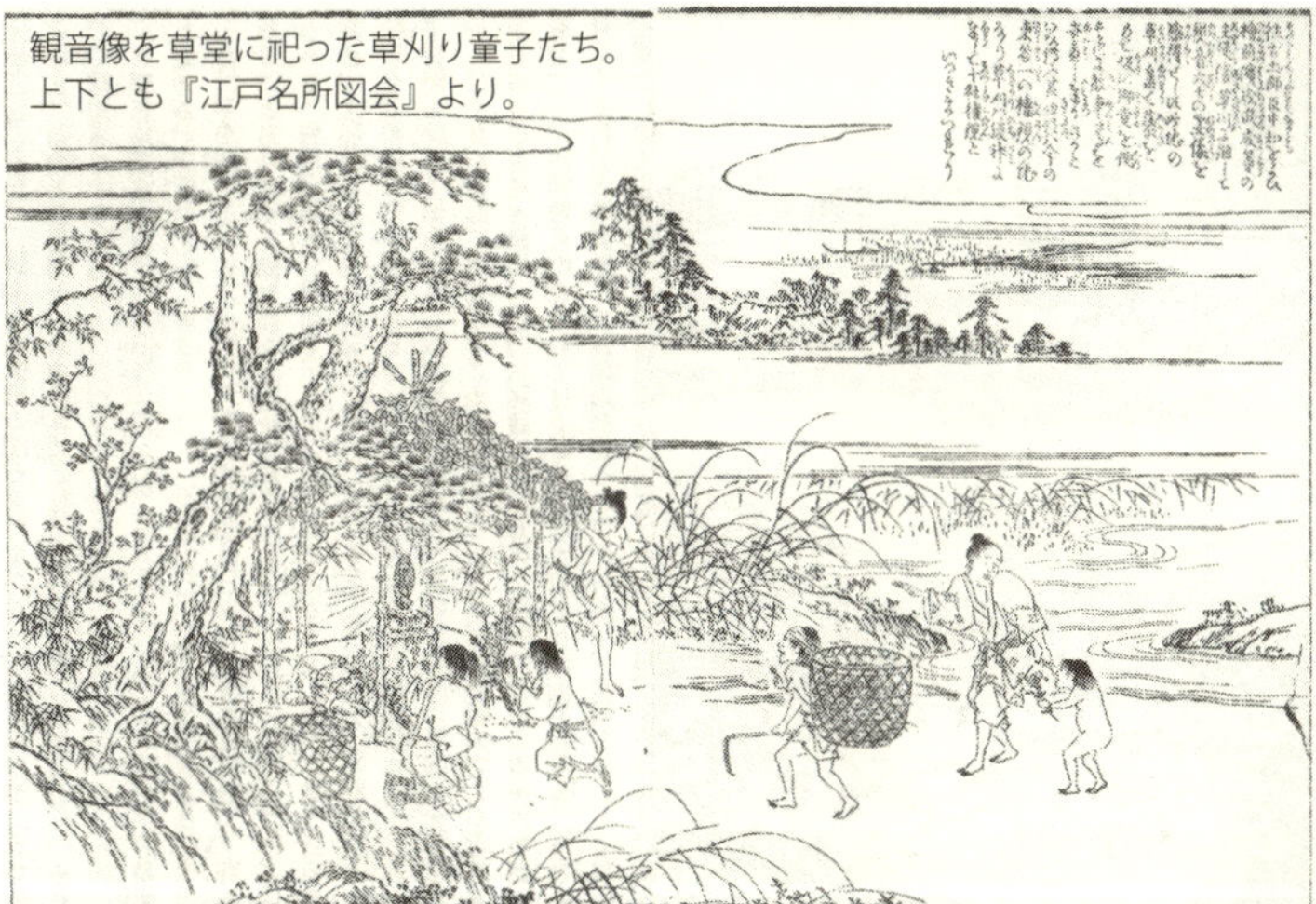

観音像を草堂に祀った草刈り童子たち。
上下とも『江戸名所図会』より。

かえって謎は深まる結果となったのです。

また、明治二年の事件から六十年後の昭和四（一九二九）年、当時の役人の娘という老婦人が浅草寺を訪れ、半紙二枚に写した模写像を持ってきました。当時の網野宥俊僧正はこれを見てその著書『浅草寺史談抄』に「両手両足が損じているようであるから秘仏とされたのであろう」と著しています。しかしこの話も寺の正式見解ではないとされています。

結局、浅草観音について記された書物でもほとんどが「ひとつの信仰において、本尊はあってもなくても良いのだ」と結論づけています。苦し紛れ、負け惜しみもはなはだしいとは思いますが、これ以上理屈を捏《こ》ねても営業妨害になってしまいそうです。そこで筆者も本尊の存在について推測してみました。これは後に（174頁）述べることといたします。

山岳修験の神、飯縄大権現《いづなだいごんげん》〈高尾〉

薬王院の境内には何体もの飯縄権現像があります。こちらの飯縄権現は不動明王、迦楼《かる》羅天《らてん》、荼枳尼天《だきにてん》、歓喜天《かんぎてん》、宇賀神《うがじん》、弁財天の五尊が合体した姿をしているそうです。それだけ多種多様な神仏の神徳を持っているわけですが、みな修験道で奉じられる神々です。さらに寛永年間に書かれた「寛永古鐘」の『梵鐘の勧進帳案文』の中には「愛宕《あたご》飯縄《いづな》大権現」の文字があり（046頁）、愛宕権現とも習合（神仏が融合すること）していたようです。

他の地域では天狗（飯縄三郎天狗）、地蔵（勝軍地蔵）、修験者などの要素も入り、荼枳尼天の使いである白狐に乗っている場合や乗っていない場合もあります。尊容が定まらないのはそれを指導する本山・本社などの組織が脆弱だったためで、飯縄信仰の中心となる教典・教義もないまま修験者各自によって、それぞれ勝手に奉祀された神であるからです。

ちなみに共に静岡県ですが、江戸でも人気があった秋葉山の火伏《ひぶ》せ（火災除け。ほぶせとも）の神「秋葉権現」や、徳川家康に所縁《ゆかり》のある袋井の可睡齋《かすいさい》「秋葉三尺坊」、大雄山最乗寺の「道了尊《どうりょうそん》」などもほぼ同じ尊容で、その姿は狐に乗った天狗です。みな山寺の守護神として信仰されています。この像の原型は過去・現在・未来の予知能力を持つといわれる荼枳尼天です。その姿は狐に乗る女神で、いわゆる仏教系の稲荷神です。最上《さいじょう》稲荷、豊川稲荷などの祭神として知られています。端的にいってこの女神をいかにも荒々しく強そうな天狗に差し変えた姿が飯縄権現や秋葉権現、道了尊と考えれば良いでしょう。

薬王院にはメインとなる堂が二つあり、一つは毎日六回の護摩供養が行なわれる大本堂、もう一つは一段上のテラスにある（山中の境内は棚田状になっている）飯縄権現堂です。

大本堂には本尊に代わってその前に安置される前立《まえだ》ちの飯縄権現像がありましたが、最近新しい前立ち像が完成したため、それまでの像は上の飯縄権現堂に移されました。ここで問題となるのは俊源大徳が感得し異人が彫ったという本尊の行方です。七日間で彫られたといいますから、よほどの神業でない限りは粗彫《あらぼ》りのはずですが、前述しましたようにこの本尊は貫首《かんしゅ》（大僧正・山主）しか見てはならぬ決まりらしい。

噂によりますと飯縄権現堂本殿の奥には小さな部屋があり、その空間を樟《くすのき》を粗く削った前立が一杯に占拠しており、さらに奥に小さな扉が見えるにもかかわらず人が入り込む隙間が全くない状態で、その扉に行き着くことができないといいます。さらに今は上記の先代前立ちが部屋の前に立っており、本尊は二重の前立ちに護られていることになります。

ところで相模原市緑区中沢の金剛山普門寺は薬王院の子院ですから同じ真言宗智山派です。こちらの飯縄権現像は一本の欅《けやき》から彫り出した三体のうちの一つだといわれます。

ご住職のお話では一体は近くの城山の飯縄堂に、そしてもう一体は高尾山薬王院に納められたのだそうです。普門寺の像を見る限りではその像容は飯縄信仰初期のものではなく、修験者の手で関東に飯縄信仰が進出してきた江戸後期一七〇〇年代頃のもののようです。この話が事実であれば、少なくともかつて薬王院の本尊は実在したことになります。そしてこの時期は薬王院の縁起が書かれた時期、寛延二（一七四九）年とも一致します。

しかし古い木像を維持管理するためには、いくら秘仏とはいえ人の手の届かない、しかも山中の湿気の多い場所に安置、放置したままにするとは、まず考えられないことです。

飯縄権現の母体は白狐に乗る荼枳尼天《だきにてん》という女神だった。時を駆け巡り人の死や過去、現在、未来の事象を教えてくれる。しかし戦国の時代には女神より勇猛に見える天狗が相応しいと思われたのだろう。修験者たちは狐の乗り手を替えてしまったのだ。

↑荼枳尼天は飯縄権現の母体。

→薬王院の唱える飯縄大権現の神徳は①忿怒の相を表した不動明王　②くちばしと両翼をもち自在に飛行して衆生共済を施すカルラ天　③衆生に富貴を授け疾病を除き夫婦和合の徳を施す心を持った歓喜天　④白狐に乗り先を見通す力を授けるダキニ天　⑤五穀豊穣、商売繁盛、福寿円満などを授ける宇賀神と弁財天が合体した姿といわれ、他地域にない独自の特徴を持つ。

有喜苑の飯縄権現像

［共通点3］
墓を持たない寺の経営手腕

浅草寺、薬王院共に一般分譲の墓地を持ちません。つまり菩提寺ではないので寺院の経営を檀家の法事からの収益に頼るわけにはいきません。幕府の守護を受ける時代もとっくに終わっています。つまり寺の努力で自立しなければならないのです。

もちろん現代は敷地や利権を利用したさまざまな経営をしながら寺を維持されていると推測されますが、基本的にこのタイプの寺院の主たる仕事（お勤め）は「祈禱《きとう》」なのです。

ちなみに薬王院の場合は一日六回の護摩供養をします。皆の願いを記入した護摩木（木片）を火にくべ、真言（神仏への呪文）を唱和し祈りを捧げるのです。当然、お祈りの効き目がなければなりませんが、一方でこのような祈禱寺の場合は「観光客や信者のクチコミ」や「スポンサー」が大きな経営基盤となります。

浅草寺の場合は周囲に展開する商店街、盛り場・歓楽街が大量の人を集めています。江戸時代には新吉原の存在があり、現在ではスカイツリー効果も無視できません。

スポンサーに関しては地元商店街はもちろんのことですが、東京都やマスコミそのものが大応援団を結成しているといっても過言ではないでしょう。

薬王院の場合は都心の近くに残る高尾山の豊かな自然と、何といっても国際的知名度を大きく上げたミシュランの三つ星（観光地）認定です。これで外国人の観光客が一気に増えました。さらについ最近、京王電鉄が高尾山口駅に温泉施設を作りました。またTV番組の放映が全国的に山の知名度を高めています。

スポンサーといえば京王電鉄や高尾登山電鉄などの交通機関です。地元の有名人・北島三郎が高尾山を応援していることも知られています。

また共に祈禱寺であることから「寺＝墓＝葬式仏教」というイメージを連想させないところがスムースに国際的な人気観光地となった大きな要因でしょう。カオス族にとってはあくまでも現世利益《げんせりやく》や有名観光地への行楽が目的です。先祖供養の献花、線香の煙やお寺の宗派などは興味の対象ではないのです。


ところで初めて浅草寺や薬王院を訪ねた方は、お堂の多さと祀《まつ》られている神仏の多さに驚かれるのではないでしょうか。まるで「神仏博覧会」「神仏のデパート」です。これは決して悪口ではありません。逆にこれこそ墓を持たない寺院の特徴なのです。祈禱寺は庶民の現世利益へのニーズに応え続けるため、常に新たな霊験、新たな神仏、庶民の喜びそ

江戸時代の地図を見ると浅草寺には今よりはるかに多くの神仏たちが祀られていた。逆に高尾山薬王院には今も境内に続々と願かけ施設や縁起物が設置されている。

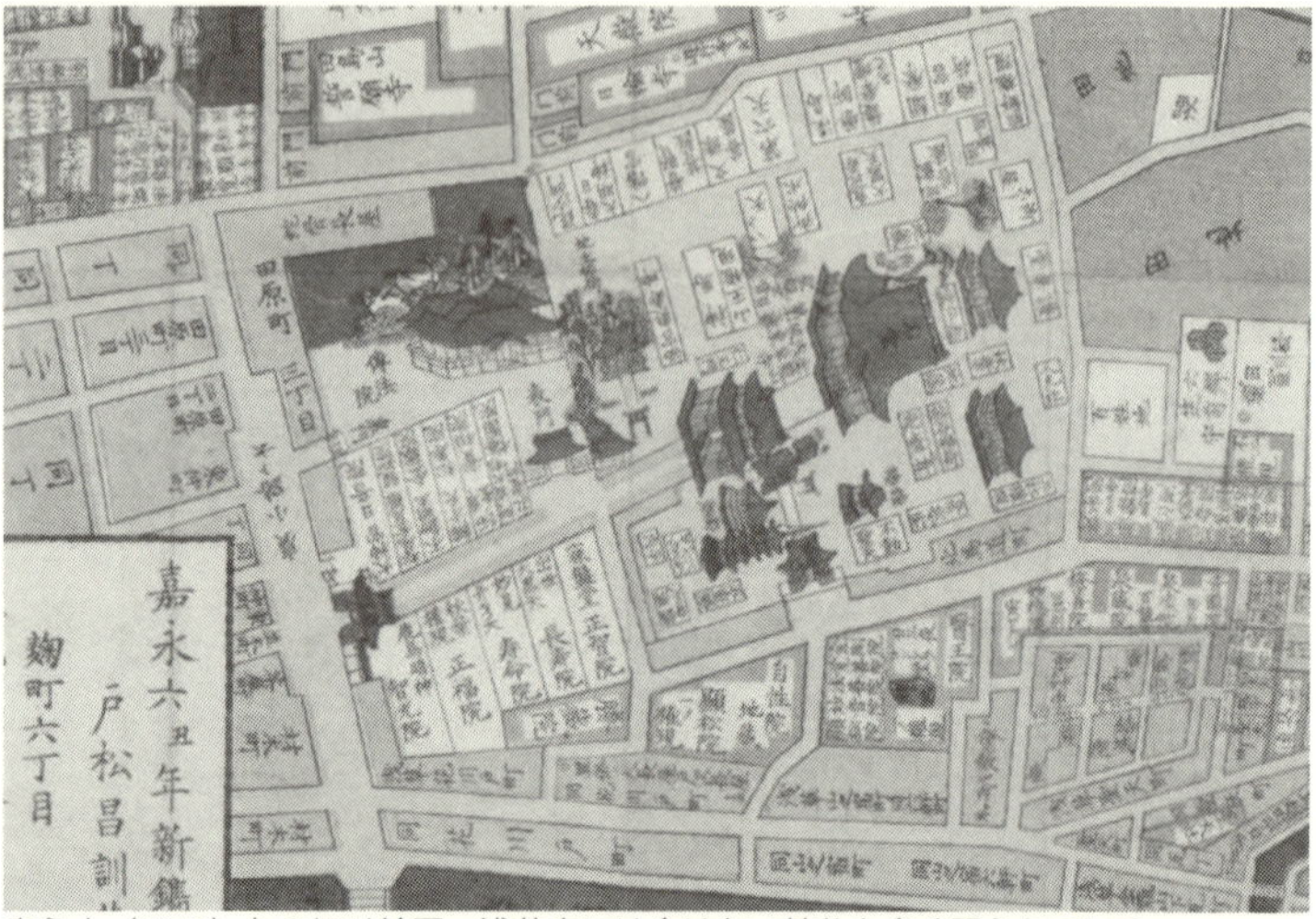

嘉永六（1853）年の切り絵図。浅草寺には今はない神仏も多く祀られている。

薬王院の境内にはご利益をうたうスポットが多数あり、土日はどこも行列ができる。

うな話題を発信し続けなくてはならない宿命にあるのです。

それで江戸時代や明治には前立ち仏を開帳をしたり、逆に（もともと存在が謎の）本尊を秘仏にしたりして演出を盛り上げてきたのです。しかしじつは神仏界にも流行《はや》り廃《すた》り、つまり流行があります。具体的には浅草寺の場合、嘉永六（一八五三）年の江戸時代の切り絵図（右頁）や『江戸名所図会・巻之六・金竜山浅草寺』の十頁にわたる挿絵（第三章で解説します）を見ますと今はない多様な神々の祠《ほこら》が見られます。

薬王院の場合は堂宇の位置などが度々変更され、昭和、平成に入って新しい仏尊や信仰グッズが次々と勧請され誕生しています。たとえば足腰にご利益のある神変堂《じんぺん》と天狗社、恋愛成就の愛染堂《あいぜん》、夫婦円満の聖天堂《しょうてん》、金銭ご利益の龍王や弁財天などです。

いずれにせよ、それぞれご利益がはっきりしていて、参拝者はあちらこちらにお賽銭を出したくなるシステムになっています。

また、薬王院境内には信仰が身近に感じられるよう賽銭なしでもご利益が期待できるアイテムが多くあります。最近は精進料理も人気で、まるで家族で気楽に参拝を楽しめる「信仰ランド」となっています。日本人（もちろん外国の方も含め）は神仏・宗派に関係なく、つまり無条件に「現世利益《げんせりやく》という信仰」が大好きであるということは驚くべき現象です。いや、じつはこれは今に始まったことではないようです。

寺院の浮沈の歴史を比較すると

江戸時代以前の浅草寺

浅草寺の歴史は縁起によりますと推古天皇三十六（六二八）年の観音像海中出現の瞬間からです。繰り返し述べていますし、大変有名な話ですから大方の人は「へぇなるほど。大したもんだ」と特に疑問を持つこともなく聞き流すことでしょう。

しかし考えてみますとこの話のポイントは観音様が自ら浅草の地に、檜前《ひのくま》兄弟と土師《はじの》氏に祀られたがって出現したということです。この三人は後に三者権現となって祀られます。ところがなぜか観音様は、はじめ地元民である草刈り童子たちによって祀られます。この草刈り童子たちはじつは今でも名が残っているほどの土地の有力者たちで、後に十社権現となって祀られます。つまり浅草寺の縁起には地元の実力者十三人の名が連なる必然があったわけです。この縁起は観音出現談の千年ほど後に作為的に書かれたものですから、彼等十三人の存在を否定するものではありませんが、史実とするには、はなはだ疑わしいといわざるをえません。

とはいえ当時から物資の集積を担う湊町としての浅草が、小さな漁村だった頃の江戸より古いことは確かなようです。もともと浅草は江戸と別の町でしたが共に平安時代末には千住、立石を通って下総や奥州へ行く街道の重要な交通の要でした。かの在原業平が都鳥《みやこどり》に言問《こととい》をした渡し場や頼朝が鎌倉に入る際、それを助けるためこの地の支配者だった江戸氏が架けた船橋も浅草寺のすぐ北に位置していました。今の白髭橋に近い石浜あたりです。

しかし業平の登場する平安初期に成立した『伊勢物語』やその後の『更級日記』にはまだ浅草寺の名は見られません。その後、武蔵国国守となった平安中期の武将・平公雅《きんまさ》や源義家、頼朝など武士階級の信仰を得て徐々に寺勢を伸ばします。北条氏直の戦国時代には市《いち》の開催日が規定されていることから、ある程度の門前町が発展していたようです。

そして石浜には武蔵国と下総国の境をつなぐ「隅田の渡し」がありました。そこは源頼朝が鎌倉幕府を開く前に関東の豪族や板東武者たちの大軍を率いて隅田川を渡った場所であり、築城年は不明ですが石浜城がありました。中世には江戸氏一族の石浜氏がここに本拠を構え、文和元年（一三五二）年には、新田義興の追撃を受けた足利尊氏が命からがら隅田川を渡ってこの石浜城に入り、逃げ果《おお》しています。室町時代中期に発生した千葉氏の内紛では宗家の生き残り（武蔵千葉氏）が下総国を追われて石浜城を拠点としました。

これらの話は浅草近辺の隅田川がいかに戦略的に重要な場所として歴史に影響を及ぼし

たかを物語っています。また、貴族出の美少年・梅若丸《うめわかまる》が人買いに拐《かどわ》かされて浅草まで連れてこられた結果、この地で命尽きた悲話も、この地が人や物資の集積する湊として栄えていたことを物語ります。これらの伝説に関しては後にも解説します。

江戸時代の浅草寺

徳川家康が江戸に入ると天海僧正は浅草寺を祈願所・祈禱《きとう》寺とするよう家康に進言しました。もちろんそれには理由があります。戦勝の祈願はもちろんですが江戸氏、大田氏、北条氏に続き、浅草の港湾施設と物資、人足などを押さえて水軍の軍事拠点とすることがもうひとつの重要な目的でした。

その結果、寺領は十一万五千坪に拡大し、関ヶ原の合戦で東軍が勝利をおさめると大名や旗本の間で浅草寺人気は一気に盛り上がります。さらに蔵前に全国からの米が集積されはじめると境内から駒形堂までの門前町だった浅草はぐんぐん南に向かって成長し、浅草~蔵前~浅草橋まで延び、ついには神田、つまり江戸に繋がります。

家康が亡くなり東照大権現として祀られるようになりますと、二代将軍秀忠は浅草寺境内の観音堂の後方に東照宮を建てます。もともとの徳川家の菩提寺・増上寺の東照宮と異なり、こちらは庶民でも参拝できるとあって、老若男女が群集するほどの人気となりました。

ところが三代将軍家光の時代になると彼は父・秀忠の思惑にことごとく反発し、父代わりとして心酔していた天海僧正の勧めで上野に寛永寺を建て、こちらの東照宮に重きを置きます。しかも浅草の東照宮は寛永十六（一六三九）年の火事で焼け、その後は再建されませんでした。さらに五代将軍綱吉は当時の浅草寺の別当・忠運を嫌い、言いがかりをつけたあげく追放してしまい、浅草寺を寛永寺の支配下に置いてしまいます。その結果それまで知楽院とよばれていた浅草寺の本坊は伝法院と改名され、寛永寺の出張所となってしまったのです。以降明治時代までこの体制は続きました。

しかしその危機を救ったのは、じつは庶民であり何よりも明暦三（一六五七）年の大火以後、浅草寺のすぐ北、千束町の田んぼの中に誕生した新吉原の登場だったのです。

江戸の男たちは浅草の観音さまばかりでなく生身の観音さまも拝みにやってきます。予算のない者は、さらにその先にある千住宿の飯盛女《めしもりおんな》（半公認の遊女）を目指して浅草を通過しました。男性ばかりではなくなります。時代は下りますが天保十三（一八四二）年には市街地にあった官許の芝居小屋（中村座・市村座・河原崎座）が浅草・猿若町《さるわかちょう》への移転を命じられます。それで女性たちも役者を拝みに猿若町へでかけるようになり、皆その往き帰りに浅草寺に寄ってお詣りをしたのです。

浅草の俗性のはじまり

このようにして浅草寺は徳川の祈禱寺から庶民の祈禱寺へと変身を遂げました。この時に最も重要な役目を果たしたのが「仲見世」と「奥山」の存在です。寺内町の仲見世には看板娘を揃えた店が並び、観音堂裏の奥山には芝居・見世物小屋が並びました。浮世絵に描かれるほどの美女が人気と色気を競い合った楊枝屋《ようじみせ》、後には矢拾女（矢場女、矢取り女）が売春を行なうようになった楊弓場《ようきゅうや》（矢場）。松井源水の曲ごま、深井志道軒の講釈をはじめ、軽業、居合抜、からくり、巨大な籠細工、生人形《いきにんぎょう》（今の蝋人形館のようなもの）、女相撲、歌祭文などの庶民芸能が技を競い、周辺には飲食店も集まり江戸一の盛り場、歓楽街となっていくのです。江戸～明治にかけての庶民は怪しげなもの、低俗なものにも目がなかったようです。

明治二十三（一八九〇）年十一月には凌雲閣（通称・浅草十二階。関東大震災で被害を被り解体された）が建てられ歓楽街・浅草の顔となります。映画街もできる一方で浅草公園五区、六区、千束町までの広範囲が私娼窟と化したことは当然の成り行きでもありました。反面これらの歴史的背景が多くの芸人や文筆家を輩出し、浅草独特の雰囲気、聖と俗の入り交じった文化を今に残しているのです。

ちなみに浅草周辺の私娼は関東大震災を機に対岸・寺島町の「玉の井」に移されました。

江戸時代から今に至るまで浅草には庶民の娯楽がたっぷり詰まっていた。つまり大義名分の信仰にかこつけた大衆芸能、見世物、酒と食べ物、女、看板娘などなど。

大衆芸能、講談や落語の祖・深井志道軒。

蛇を喰う深山の鬼娘だが化粧をしている。『浅草』著：野一色幹夫／富士書房より。

一時期浅草のランドマークだった凌雲閣。

境内には楊枝屋が並び、いずれにも浮世絵に描かれるような看板娘がいて客を引いた。↓右から難波屋おきた（16 歳）、富本豊雛（17 歳）、高島おひさ。寛政 5（1793）年。

高尾山薬王院のはじめ

高尾山薬王院の始まりも浅草寺と同じように縁起から推測するしかありません。つまり「高尾山薬王院は、奈良時代の天平十六（七四四）年に聖武天皇の勅命により東国鎮護の祈願寺として、高僧行基菩薩により開山されたと伝えられる」そして「行基大士が手ずから薬王（薬師如来）の像を彫り、寺の名を有喜、院の名を薬王としたが歴年の後荒廃した」とあります。どの研究書や論文などを見ても「寺伝の縁起によると」と前書きはしているものの判を押したような序文です。拠り所となる原典がこれしかないのでしかたありません。しかし奈良時代に「多麻の横山（今の八王子）」のさらに奥、未開の高尾山に東国鎮護の寺院を建てるでしょうか。万一このような山地に祠《ほこら》を建立するとしても、それは山岳信仰者、つまり修験者以外には考えられません。

したがってこの話はたとえば「聖徳太子が甲斐の黒駒に乗って富士山の山頂まで飛んでいった」「役行者《えんのぎょうじゃ》が流刑地の伊豆大島から夜な夜な空を飛んで日本全国の山岳霊場を巡って開山した」「弘法大師が全国を巡って、杖を突きながら泉や池を湧出させ、食事をした後に箸を刺したらそれが大樹に成長した」などという話と同レベルの伝承なのです。つまり「三人の漁師が漁をしていると網に黄金の観音像が掛かり、何度捨てても掛かってきた」という話と同じです。理屈を述べるまでもないことですが奈良時代の権力者に黄金の価値がわからないはずがない。だからこそ無知な漁夫と草刈り童を登場させているのです。

特に浅草寺や薬王院のように菩提寺でない寺社の縁起は、神話や説話、物語などと同じレベルのものだと理解すればいいのです。ここで行基が史実として高尾に来ていないことを証明することは本書の主旨ではありませんから控えますが、残念ながら行基（六六八〜七四九）ご本人が関東の高尾山を訪れて像を彫ったことはまずあり得ないといわざるを得ません。とはいえ詳しい時代は別としても当初の薬王院が薬師如来を祀った小さなお堂か祠であったことは確かでしょう。ちなみにこの縁起は行基が開山したとされる一千年後の寛延二（一七四九）年に筑波山人・石正猗仲縁という修験者が作成したもので、いくつかある薬王院縁起はみなここからの引用だということです。

薬王院中興の祖・俊源大徳の謎〈高尾〉

話が飛びますが、行基が高尾山に来たといわれる翌年の天平十七（七四五）年に聖武天皇の発願で奈良・東大寺の大仏制作が開始されます。この大プロジェクトの総監督が仏教界のスーパーヒーローといわれた行基その人で、大仏の開眼供養会《かいげんくようえ》が行なわれたのは七年後の天平勝宝四（七五二）年です。

しかしそれから約四百四十年後の養和元（一一八一）年、東大寺も大仏も焼失してしまいます。そこで東大寺再興を任命されたのが一時期醍醐寺で密教を学び、行基とその業績に深く心酔していた俊乗坊重源《しゅんじょうぼうちょうげん》という高僧でした。さっそく配下の勧進僧たちに、行基伝説を広めながら全国を勧進（寄付を集める）して回るよう指示しましたので、おそらくそのうちの誰かが高尾にも来たという可能性はあります。しかしこれも、あくまで薬王院と行基を結び付けようという前提での話です。

さて高尾山縁起に戻りましょう。永和年間（一三七五〜一三七八。永和二年説があり）に京都の醍醐寺から高尾山にやってきたといわれるのが俊源大徳《しゅんげんだいとく》という高僧です。山中で大変な修行を積んだ結果、今の本尊である飯縄大権現を感得し（イメージでその姿を見る）、この神を山内に奉じます。彼の登場によって寂れていた薬王院は復活したばかりでなく、今に見られるような隆盛を得たといわれています。そこで薬王院では俊源を中興の祖（一度荒廃した寺を再び立派に再建した人）としています。そして高尾山の天狗伝説や滝伝説などもほとんどがこの俊源に係わっています。しかし、残念ながら俊源大徳というお坊様はどうも実在を示す根拠が非常に薄いようなのです。醍醐寺にもその名は見当たりません。研究者も俊源の存在を否定こそしていませんが積極的に肯定もしていません。

そこで筆者はこの俊源も縁起上の創作人物であり命名のモデルとなった人物は、行基の再来とまでいわれた前出の「俊乗坊重源」であると考えているのです。

もともと飯縄権現は長野県飯綱山の修験者が感得し奉じた神ですから京都醍醐寺の高僧がはるばる高尾山中までやってきて、京都の愛宕権現ではなく突然長野の飯縄権現を感得するといった話はどうも唐突で無理を感じざるを得ません。いや、京都経由を示すために次頁で述べる「寛永古鐘」にわざわざ愛宕飯縄大権現の文字を入れたのかもしれません。

関東の戦国時代——世相に敏感な寺院は本尊を変える〈高尾〉

俊源大徳が中興したといわれる永和年間は南北朝内乱の真っ只中で下克上のエネルギーが諸国に充満し一触即発の時代でした。関東周辺は武田氏、上杉氏、小田原北条氏が三すくみとなり、しのぎを削り合った最前線がまさに高尾山周辺だったのです。そしてこの三大名が揃って「戦神《いくさがみ》」といわれる飯縄権現を信仰したことは有名です。そして不思議なことに飯縄権現が祀ってある場所はみなそれぞれの領地の境界線近くです。つまり攻撃時に祈念する怨敵調伏《おんてきちょうぶく》の神というより、敵が攻めてこないように祈るための敵軍封じ、または将来を見通し、情報を取得する神だったと筆者は考えるのです。これはまさに荼枳尼天の神徳です。そうでなければライバルと同じ戦神を互いに信奉する理由が説明できません。

さて、高尾山は甲州街道を見下ろす位置にある戦略的な要害で、その近くには北条氏照の八王子城がありました。つまり薬王院は立地的には北条氏と武田氏が鬩《せめ》ぎ合う最前線に位置するため「衆生救済」のための田舎の薬師如来より、一気に戦国武将という大スポンサーを獲得できる「戦神《いくさがみ》」を売りにしたほうが寺の繁栄のために有利だと考えるのは当然です。そこで（それ以前から山の鎮護神として併祀《へいし》していたかどうかは不明ですが）戦国という時代に即した神を据えるため、戦神の飯縄権現を勧請したものと思われます。その思惑が当たってか北条氏から与えられた寺領は百五十石あったといいます。

しかし薬王院に残っている古文書として最も古い永禄三（一五六〇）年十二月二十八日の北条氏康の判物《はんもつ》（領主の花押付き文書）には「高尾薬師堂修理の為、武州に於いて一所を寄進申すべく候云々」と書かれています。また、寛永八（一六三一）年九月に鋳造された薬王院の「寛永古鐘」に残された銘には「武州高尾山有喜寺は瑠璃光仏の垂跡（垂迹）なり」と書かれており、この二例だけを見ても、薬王院の本尊は少なくとも江戸時代初期までは依然薬師如来（薬師瑠璃光如来）だったようです。

実際に高尾山の飯縄大権現が文中に登場するのはこの「寛永古鐘」の『梵鐘の勧進帳案文』の中で、そこには「そもそも此山者、東方瑠璃医王之垂迹、愛宕《あたご》飯縄《いづな》大権現修鎮護成」とあり、ここでいう愛宕飯縄大権現は薬師如来を鎮護する役であったのです。しかもこの文書は俊源大徳の入山から約二百六十年後に書かれたものです。

ところで、今の薬王院の本尊や寺院、山を「鎮護する役」を担う神々とは、「十二神将」「四天王」「仁王」「三十六童子」などになりますが、「大天狗・小天狗」も忘れてはならない存在です。じつは「愛宕飯縄大権現」とは「愛宕権現」と「飯縄権現」のことで、その本体は嘴と翼を持つ烏天狗《からす》です。ですからこの時代に山の守護神でしかない飯縄権現が本堂の主であったとは考えられないことでした。

飯縄権現は戦火が収まった江戸時代以降は戦神である必要はなくなり、武将という大スポンサーを失います。その後は尾張や紀州の徳川家などとの関係もあったようですが寺の維持には営業作戦を変更せざるを得ません。そこでいつから本尊が薬師如来から飯縄大権現に代わったのかはっきりしませんが、庶民の信仰を集めるために薬王院は火伏《ひぶ》せ（都市では火事が一番の脅威となる）、福徳、時として養蚕や雨乞いの祈禱を行なってきたようです。しかし江戸時代の飯縄信仰は「いづな使い」の操る憑神《つきがみ》「管狐《くだぎつね》」を使う邪法と見なされるようになります。そこで薬王院では飯縄大権現をそのような邪神と区別するため「京都から来た高僧が高尾山中で感得して誕生した」という縁起を作ったと考えます。

明治の神仏分離令を乗り越えた高尾山

このようにして薬王院はしばらくの間、薬師如来と飯縄大権現を両本尊としていたと考えられます。しかし明治の神仏分離令で神仏習合（神も仏も一緒に祀る）の薬王院は神社とするか寺院とするかの判断を迫られます。権現を祀る多くの修験系寺院が神社に転向する中、薬王院は今の1号路入口に立っていた「一の鳥居（014頁）」をきっぱりと外し、寺院としての道を選びます。山寺《やまでら》であったことが幸いしてか廃仏毀釈《はいぶつきしゃく》（仏教・仏像排斥運動）の被害もさほど受けなかったようです。ただ、飯縄大権現を「飯縄不動明王」と改名してしまいました。この時から祈禱の主尊を飯縄不動明王と決めたのでしょう。明治二十一（一八八八）年の深川公園地不動堂における飯縄不動明王の出開帳は盛況だったようです。

そして昭和二（一九二七）年に高尾登山鉄道がケーブルカーを開設します。

戦後になって修験道が解禁され、飯縄不動明王は再び飯縄大権現となったと思われますが、じつは高尾山に正式な修験の会が結成されるのも戦後です。この時の貫首（山主）は三十一世秀順で、じつはこの秀順師が「修験の山」としてのカラーを打ち出し、今の高尾山の繁栄を導いたといって過言ではありません。

そして昭和四十二（一九六七）年には高尾山口駅まで京王線が開通しました。一時は経営の厳しい時代もあったようですが、平成十九（二〇〇七）年から連続してフランスのタイヤメーカーが発行している『ミシュラン・ガイドブック』が観光地としての高尾山に最高ランクの三つ星認定をしていることが今の国際的人気を決定付けたのです。

日本人の多くは深層意識の中で外来の仏教、自然信仰を基にした原始神道、天皇制を中心にした神社神道などを信仰しているが、これらに山岳信仰や仙道を合わせたものが修験道である。下の絵は左右同じ人物だがそれぞれ修験者と僧の装束を纏っている。

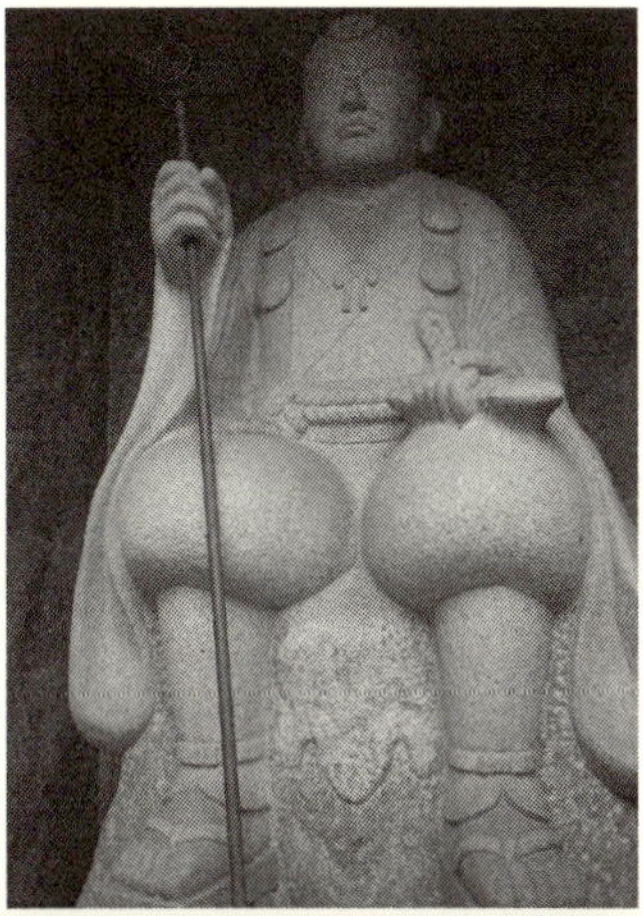

↑俊源が飯縄権現を感得する。　俊源大徳像→

火祭りは薬王院の交通安全自動車祈禱殿広場で毎年３月第２日曜日に執り行なわれる。ショウ的要素が強いとはいえ全国の修験者が集う一大イベントとなっており、彼らの日頃の修行の成果を披露する檜舞台だ。

神仏混淆（神仏習合）の象徴として薬王院境内（飯縄権現堂前）に聳える鳥居。

［共通点4］
共に語られる火災から飛んで逃げた本尊伝説

共に火災の時の話です。浅草寺の本尊が火災で逃げた話は縁起などで比較的知られています。しかし薬王院の本尊が火災に遭って飛んで逃げた話は、避難先の日野市でしか語られていません。なぜなら当時の飯縄大権現は江戸では火伏《ひぶせ》せの神としての信仰を集めていましたから、そのようなことが広く知られたら、それこそ神徳まるつぶれなのです。民俗学や庶民信仰の立場から見ますと、愛宕権現や秋葉権現も飯縄権現と同じ神格を持つ天狗です。彼らの持つ羽団扇《はうちわ》は空を飛んだり火や風を自由に操ることができると信じられていたのです。ですから天狗を祀ることにより火事を押さえてもらうのです。

榎《えのき》に飛び移った聖観音〈浅草〉

前述しましたように浅草寺は十数度の火災に遭っています。中でも承歴三（一〇七九）年に観音堂が炎上した折には「本尊火中を出で、坤《ひつじさる》（南西）の榎《えのき》にうつり給う」というように本尊自らが火炎を逃れて近くの榎の梢《こずえ》に避難したと縁起に書かれています。ちなみにその榎で彫った像が現在の「温座秘法陀羅尼会《おんざひほうだらにえ》（一月に行なわれる一週間昼夜不断の修法）」の本尊だといわれています。火災で焼失した本尊に所縁のある木で彫り直したという事なのでしょうか。

高尾と日野の飛び飯縄伝説

高尾山の飯縄大権現は、直線距離で十四キロメートルほど離れた日野市日野本町の飯縄大権現社まで飛んだ、いや逆に日野から薬王院まで飛んだ、などという伝説があります（拙著『スキャンダラスな神々』）。JR日野駅ホームの高尾寄りから日野飯縄権現堂の背面が見えます。小さな祠《ほこら》です。ここはかつて坂上《さかうえ》神社と呼ばれていましたが、明治二十一（一八八八）年に甲武鉄道（今の中央線）の駅を作るため八十メートルほど移動したとのことで、それまでは百十余段の石段の上に奉祀されていました。

このあたりは江戸時代には「いづな森」と呼ばれた甲州街道の名所でもあり、祭神は大国主神（大貴巳命《おおなむちのみこと》）、また一説には飯綱太郎（詳細は不明。飯縄三郎天狗か千日太夫のことか）ともいわれ、里人からは「ゆずな様」「いづな様」「横町《よこまち》のゆずな様」と親しまれていました。坂上神社と改称されたのは神仏分離令発令後の明治二年（一八六九）です。

この神社には「飛び飯縄」という伝承があり、正長元（一四二八）年には、高尾山まで飛んでいったという話や、幕末（年代不明）の高尾山薬王院の飯縄権現堂火災の折、神体が火の玉となってここまで飛んできたという伝承があるのです。

この話は当社を再興したという日野宿名主・佐藤七郎左衛門家に伝承されており、飯縄権現堂火災後、この社を管理していた佐藤家に高尾山から人がきて「高尾山飯縄権現が火災で焼失し、社殿は再興したが、火災で失った神体は再現できぬため、その折飛んできたと称せられる神体をぜひ高尾山へ返して欲しい」との、たっての願いに負けて返却したといいます。もちろん村人は大いに怒ったのですが、毎年年末になると薬王院から佐藤家へ味噌一樽が送られてきて、この慣例は明治末期まで続いたらしい。これは谷晴雄という人が明治十年代に生まれた佐藤家の人から直接聞いた話だそうです。

一方の高尾山側にはこの「飛び飯縄」に関する記録は残っていません。前述のように火伏の神が火災で飛んで逃げたとあっては神威を失うからでしょうか。

しかし高尾山の薬王院には「飛飯縄堂」と呼ばれる小祠があります。これは大本堂から権現堂へ上がる石段の途中にあり、中に飯縄権現の石像（二代目）が祀られています。「イボ封じ」にご利益があり、神前に置かれている小石で患部を撫でると良いそうです。ちなみに初代は今でも奥の院背後の護摩壇奥に鎮座しています。延宝四（一六七六）年の銘があり境内で一番古い石仏といわれています。翼を持っていますが狐には乗っていません。こちらも同じご利益だったらしく像の上半身が削られて（粉を患部に塗るか服用していたと思われます）おり、尊顔は判別できません。

以上高尾と日野の「飛び飯縄」談は偶然のこととも思えませんから、互いに何らかの関わりがあるのでしょう。もしかしたら日野の坂上神社は高尾の飯縄大権現にとってはシェルター、別宅のようなものであるのかもしれません。

『日野市史／村の信仰・部落の神々』によると坂上神社の創建は正治元年（一一九九）説と文禄年間（一五九二〜九六）の甲州武田家遺臣（信玄の妾とも、娘の松姫ともいわれる）による勧請説の二つが伝えられています。

ここにも「――武州高尾山の飯綱権現は当社から飛んだものといわれ、飛び飯綱の伝承が地元に残っている」とあります。続けて、元禄七年（一六九四）の『寺社堂庵書上写』（土方忠平家文書）には「いづな森」の欄に「高尾山持」（薬王院の末社）の添え書もあり、高尾山とは密接な関係があったことがうかがわれる、と記述されています。

いずれにせよ日野側の資料によれば薬王院の飯縄大権現は甲州から武田氏所縁の者が持ってきたことが伺えます。

空を飛んだ仏像の伝説は日本全国にある。なぜここにこの仏像があるかの理由付け、箔付けではある。昔の人にとって神仏は奇跡を起こせば起こすほどありがたかったのだろう。下の二体はイボ取りにご利益があるといわれるが今ならさしずめ美肌効果か。

↑奥の院裏に立つ初代の飛び飯縄像。高尾山内で最も古い石仏で延宝4（1676）年のもの。イボに効くといわれ上半身がほとんど削られている。

↑今の飛び飯縄像。初代（左）は狐に乗っていないが、こちらは跨がっている（脚に挟んでいる）。イボには像の前に置いてある小石を借りて持ち帰り、治ったら二つの小石を返す。
←日野の飯縄権現社。
↓ JR 日野駅のホーム（高尾寄り）から飯縄権現社の背面が見える。

第二章　環境・風俗を比べてますます納得

なぜこの二つの寺院にこれだけの人気があるかといえば
エキゾチックで世俗的で面白いからです。
でも、なぜここに世界中の人が集まるのか
それぞれの環境・風俗・伝説などなど、これらを
対比することでより鮮明に見えてくるものがあります。

黄金の河童VS黄金の天狗

失礼ですがこれは商業と宗教の悪趣味対決といってもいいかもしれません。浅草は川と運河の街ですから河童がいました。時には子供たちに虐められていたようです。高尾は聖山でしたから天狗がいました。ここの天狗は仏教に帰依しており、山の守護神になっていました。ところが浅草は河童を、高尾は天狗をそれぞれ担ぎ出して「ありがたいもの」に祭り上げた結果がこうなりました。

金ピカの彼らを初めて見たとき（その趣味に）驚いたことは素直な気持ちです。いや、確かにこのようなものこそがありがたいのでしょう。世の中でありがたく価値のあるものは「金（きん＝かね）」なのです。ですから仏像も立派なものは金箔で覆われたキンキラが多い。仏教が渡来した当初、極楽浄土は貴族のためのものでしたから、そこへ行くには金が掛かる。金持ちしか極楽に行けない。そのような価値観、人生観においてありがたいものは「わびさび」などではなく「煌《きら》びやかさ」なのです。

金ピカ河童〈浅草〉

浅草寺から少々離れていますが、「かっぱ橋道具街通り」と「かっぱ橋本通り」が交わる「合羽《かっぱ》橋交差点」の近くに、金ピカの「かっぱ河太郎」は立っています。かっぱ河太郎とは実在の人物と、伝説の河童との中間的な存在です。彼の墓はかっぱ橋本通り沿いの「かっぱ寺」として有名な曹源寺にあり、墓石の上辺には水受けの穴があり「てつ《っ》へ《ぺ》んへ手向《たむ》けの水や川太郎」の句が刻まれ、夫婦河童の石像を従えています。隣には「波乗福河童大明神」の社が祀られており「河童連邦共和国奉納」の幟がはためいています。実態がよく摑めないほど道も境内も河童だらけです。

いくつかある周辺の伝説をまとめると以下のようになります。「江戸時代の文化年間（一八〇四～一七）、この一帯は隅田川にも海にも近く低湿地だったので大雨が降るとすぐに水が溢れ洪水となり疫病も流行ります。そのような状況を憂いた雨合羽商の合羽屋《かっぱや》喜八《きはち》（合羽川太郎）は私財を投げ打って治水の掘割り工事を始めたのです。

ところがこれが難工事で大変でした。それを見かねたこの辺りの河童たち（隅田川の河童とも）が夜ごと手助けをして、ようやく工事が完了しました。その堀が今の「かっぱ橋道具街通り」の下を流れ、暗渠となっている新堀川のことといわれています。

河童たちは私財を投げ打って工事をする河太郎の気概に感心すると同時に、むかし子供たちにいじめられている河童を河太郎に助けられたことへの恩返しだったのです。

いつしかこの辺りでは「夜中に手伝いにくる河童を見た者は運が開けて商売が上手くいく」という噂が広まりました。

かっぱ橋の名の由来では、他にもこの周辺に住んでいた下級武士たちが内職で雨合羽を作っていて、天気の良い日に、橋の欄干に並べて干していたからなどともいわれています。

いずれにせよ東京合羽橋商店街振興組合では「合羽橋道具街」が誕生してから九十周年を迎えるにあたり「かっぱ河太郎」を建立したのです。像は日展、日彫展などで数多く受賞されている彫刻家と工芸作家先生方の大作ですが、これがかなり生々しくてリアルなのです。それでますます実在の人物と伝説の河童との中間的な存在に見えてくるわけです。はしゃぎながらやってきた外国人観光客も河太郎を見たとたん、何故か一瞬沈黙してしまう。じつは筆者も初めて河太郎を拝見したとき、人間が河童の変装をしているかと見紛うばかりで、思わず心の中で「あ、金粉ショーだ！」と叫んでしまいました。

浅草名所・史跡満足度ランキングで63位だそうです。といっても口コミサイトですから大した根拠はありません。ちなみに某氏の口コミには「妙にゆるキャラ化されていない点が好印象です。全身黄金色というセンスも、この商店街を象徴しているようで、笑えます」と書き込まれていました。

金ピカ天狗〈高尾〉

河童と好勝負だと思います。まさか「一般庶民を圧倒し、感服させるには荘厳さと煌《きらび》びやかさに限る」ということだけではないと思いますが、じつは宗教者の思惑とは、その通りなのでしょう。寺院の金ピカに飾り立てられた本堂の中では「騙されてたまるか」などと高をくくっている筆者でも、やはり重厚な荘厳さにはある種の感銘を受けてしまいます。

しかし甲州街道沿いの薬王院自動車祈禱殿におられる金ピカ天狗様となるとどうも怪しい。なぜなら古典をひもときますと黄金に輝く天狗にはどうもいい印象がないのです。

たとえば『今昔物語』巻二十・第三「天狗、仏《ほとけ》と現《げん》じて木末《こずえ》に座《いま》せる語《こと》」あるいは『宇治拾遺物語』三二「かきの木に仏現ずる事」に以下の話があります。

「醍醐天皇の御代（八九七〜九三〇年）、今の京都市下京区藪下町に大きいが実の生《な》らない柿の木があった（当時、実の生らない柿の木には異界のものが宿ると考えられていた）。その柿の木の上に俄《にわか》に仏が現れ、妙《たえ》なる光を放ち、さまざまな花を降らすので、その貴さに都中の人々は身分の上下なく皆群集した。六、七日経った頃、聡明で知られた光《ひかり》の大臣《おとど》という深草天皇の御子《みこ》がその話を聞きつけ不審に思い〝本当の仏が突然梢などに現ずる事などあるはずがない〟と晴れの場で使う装束と牛車を用意して乗り込み、その場に駆けつけた。簾《す》を巻き上げて見ればそこには確かに金色の光を放ち、さまざまな花を雨のように降らせる仏がおり、誠に貴い姿だった。しかし大臣は惑わされることなく、天狗などの使う妖術は七日も持たないはずと（ちょうどその日が七日目に当たっていたので）その場から木の上の仏を一時《ひととき》（約二時間）ばかり瞬《まばた》きもせず睨み続けた。しばらくは仏も光を放ち花を降らせていたが、やがて大臣の眼力に根負けしてか、忽《たちま》ち羽の折れた大きな糞鳶《くそとび》（ノスリ）の姿を現し木末《こずえ》から地面に落ちてしまった。多くの人々が、何がおきたのか理解できずに騒いでいるうち小童部《こわらべ》たちが寄ってきて糞鳶を打ち殺してしまった」

ということです。むろん糞鳶とは平安時代の天狗のこと。天狗には、音を立てて飛ぶ流星、猛禽類、世間に怨みを持ったまま亡くなった高貴な人の霊などがなると思われていました。

もう一つの話をご紹介しましょう。こちらは『太平記』巻第二十七「雲景未来記の事」からです。貞和五または正平四（一三四九）年の頃、雲景という羽黒山の山伏が京に上り老山伏と知り合い、愛宕山（愛宕権現も飯縄権現同様、本源は天狗です）の秘所を案内されたときの話です。

「――ここに至って見れば、人多く坐したまへり。あるいは衣冠《いかん》正しく金の笏《しゃく》を持ちたまへる人もあり。あるいは貴僧・高僧の形にて――といった高貴な人々が集まる中の一段と高い御座に、大なる金の鵄《とび》、翅《つばさ》をつくろひて着座したり。この大魔王となった金の鵄こそ崇徳院で、左右に居並ぶ面々は伊豆大島に流され自殺した源為朝《ためとも》や、退位廃帝させられ怨霊となった帝王たちであった。この悪魔王の棟梁《とうりょう》たちが今ここに集まり天下を乱《みだ》り候《そうら》ふべき評定《ひょうじょう》にてあり」という場面を雲景は目撃したのです。つまりこの頃（鎌倉～室町時代）は権力欲を持ったまま亡くなった高僧や権力争いに破れた怨霊が天狗になっていたのです。そして彼らの惣領が「大なる金の鵄《とび》」つまりこれも天狗であったわけで、妙なる金の光を放つ糞鳶と同様、これがいわゆる烏《からす》天狗（鳶天狗）の原形となっているのです。ちなみに鼻の高い天狗はその後十六世紀の初めに狩野元信が描いたのが初めといわれています。

高尾山などでも青い烏天狗を小天狗、赤い鼻高天狗を大天狗とよんでいますが、これは大小に根拠のないよびかたです。何れにせよ天狗は鬼神であり、異類であり、特に高尾山においては山の守護神ですから赤でも青でも構いませんが、筆者はついつい「金の天狗はいけませんよ、金は」といいたくなってしまうのです。

以上のように河童は曹源寺では大明神として祀られています。また楽一氏の愛らしい河童のイラストが「浅草うまいもの会」のキャラクターにも採用されて親しまれています。もちろん合羽橋の場合も河太郎を目撃した方々に福を分けて差し上げようということなのですが、金粉ショーをやらせては少々お気の毒な気もします。

河童と天狗は日本を代表する妖怪で民話や昔話などにもよく登場する。時として人に害を及ぼすが神としても畏れられる。間抜けな笑いものにもなるのは人にとって親しい存在でもあるからだが、最近は人間に利用されるばかりになってしまったようだ。

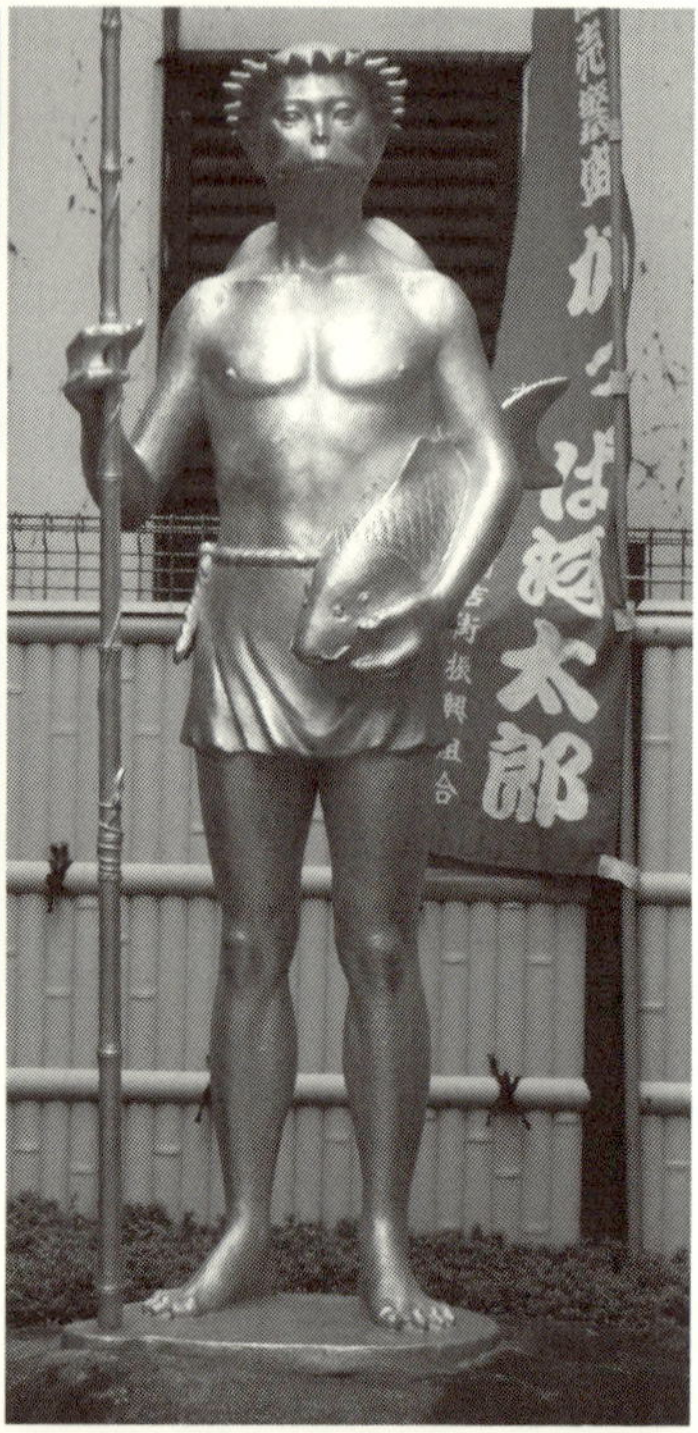

↑→曹源寺（かっぱ寺）の夫婦河童とかっぱ河太郎のものと伝えられる墓。

↓薬王院の自動車祈祷殿の内部には金ピカの大小天狗をはじめ、金ピカに輝く飯縄大権現、役行者、俊源大徳が鎮座しており、輝きを放っている。

メロンパンvs天狗焼

浅草名物

浅草寺周辺の商店街をぐるり廻るとジャンボ・メロンパンがあちらこちらで売っています。伝統的な人形焼と一緒に売っていたりもします。しかし創業は昭和二十（一九四五）年とありますから、東京が大空襲で焼け野原となった直後に売り出したことになります。それが今やどこの店のものも同じ大きさ、同じ値段、同じ袋に入っています。少し前までは皆、メロンパンを囓りながら片手に自撮棒を掲げてブラ歩きをしていましたが、そのまま他店に入ってしまうので、今は買った店の前で食べるよう注意書きが出ています。人形焼も相変わらずの人気ですが、ある日突然どこか特定の店に行列ができることもあります。

新奥山から西参道に向かうスペースには昔ながらの屋台も出ており、源吾朗氏の紙芝居も出て懐かしい『黄金バット』などを熱演しています。

浅草の名物には創業二百五十年の「雷おこし」や百年の「電気ブラン」、二百四十年ほど前に考案された玩具の「とんだりはねたり」などもありますが、歴史的には何といっても「浅草海苔」に敵うものはないでしょう。残念ながら今、浅草では作られていませんが。

そもそも浅草海苔の由来は天慶五(九四二)年の平安時代中期まで遡ります。本書でも度々登場しました平公雅《たいらのきんまさ》が、平将門の叛乱を押さえた藤原秀郷の後任として武蔵守《むさしのかみ》となり、武蔵国国守任命にあたり報謝のために荒廃していた浅草寺の本堂をはじめとする堂宇を建立し今の浅草寺の繁栄を築きました。天慶八(九四五)年三月十八日、その公雅の夢枕に観音菩薩が立ち、浅草海苔の存在を公雅に教えたことは前に書きました(025頁)。

ですから浅草では浅草海苔は観音さまが与えてくださったものだったといわれています。絶大な寄進に対するお礼ということでありましょう。「観音様の法(のり=教え)だから「浅草のり」ということで大評判になったのです。かつては隅田川の河口でも自然の海苔は採れたようですが、河口の位置や潮流も大きく変わり、実際の養殖・生産は品川や大森で行なわれたようです。

ちなみに「とんだりはねたり」とは、竹片の上に笠を被った人形が乗っていて、膠《にかわ》で押さえた竹棒が跳ねると人形の笠が飛び、花魁《おいらん》や助六が姿を現すといった単純で軽妙な玩具です。一度廃《すた》れましたが民芸玩具として復活しています。ただし今のものは観賞用で高価なうえ、飛んだり跳ねたりもしません。

高尾山名物

最近のヒットは「天狗焼」です。ケーブルの上「高尾山駅」前で数年前から発売し始めたのですが、黒豆のツブ餡がなかなかの人気で土日などは店の前に長蛇の列ができ午後には売り切れてしまいます。それまでは八十年ほどの歴史がある「高尾せんべい」でした。寺院の売店や茶店でもいろいろの土産物を工夫したり、麓のパン屋で「高尾アンパン」などの商品を出していましたが「天狗焼」はこれまでにない稀に見るヒットを続けています。茶店で売れているのは一見、五平餅のような恰好をした三福だんごです。

また、季節は夏期限定ですが、午後からは高尾山駅前のビアガーデンが人気のようで、ここからの夜景は人気があります。時間制でバイキング形式です。終了時間までケーブルを運行していますから下りも安心です。高尾山の谷は急峻で非常に深いので決して飲酒歩行はしないでください。

京王電鉄と組んだ「高尾山の冬そばキャンペーン」は二〇〇四年から始まっており、地元の二十数店が参加して今でも続いています。キャンペーンでは、どの店もトロロそばを出すことにしているようで、中には大正時代から提供している店もあるそうです。

といいますのも、実のところ高尾本来の名物といえば「天然の自然薯（山芋）」だったからです。店頭に天然物を並べていた蕎麦屋（というより食堂）もありましたが今は店も、そこの芋掘り名人も亡くなってしまいました。

じわりと人気が出てきたのは薬王院の精進料理で、TV番組でも度々紹介されています。筆者も何度かいただきましたがいつも満足します。ただし要予約です。最近は予約なしでも食べられる蕎麦御膳も始めたようで、いよいよ本腰を入れ始めたか、といったところ。

残念ながら筆者は未体験ですが、傑作は某茶店オリジナルの「天狗ラーメン」。十種の具が入って十具《てんぐ》だそうです。

また、たとえばアケビやキノコなどの山の幸を並べている店舗や出店も見受けますが、ほとんどが他所から仕入れてきたもので少なくとも栽培ものか、高尾の地元産ではありませんので御注意を。

いずれにせよ店舗数や商店街の規模は浅草に比べようもなく小規模なものです。しかし高尾山は全国初の「ゴミの持ち帰り運動」発祥の地です。これは誇るべき実績です。

どこの観光地にも見られる現象ですが、出店《しゅってん》の利権にしがみついてアイデアも出さず企業努力をしない店は相も変わらず「名物に旨いものなし」の商売を続けています。少なくとも山の中でプラ製のおもちゃなどは売らないで欲しい。余計なお世話ですが、フランス語（ミシュランガイドはフランスの本ですので）とまではいかなくとも、中国語や韓国語、英語の案内くらいは貼り出して欲しいものです。

風俗とはチープでなければならないが、それが人々に受け入れられながら歴史を重ねると奥が深くなる。まさに浅草の庶民文化とはそのようなもので、決して気取ったものではない。対して高尾の文化は、というと庶民より観光客が相手なので難しそうだ。

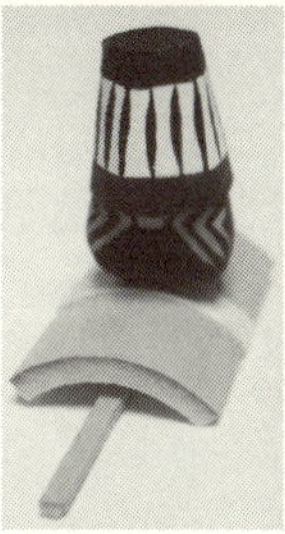

↑東京大空襲直後が創業のメロンパン。↑メロンパンそっくりな帽子。お行儀が悪いわけではない。
←「とんだりはねたり」笠が落ちると助六が登場。

↓天狗焼のファンにはリピーターも多い。素材の良さが受けている。

↑源吾朗氏の紙芝居と大道芸は35年の歴史あり。
↓高尾山薬王院の精進料理は決して安くはないが量も質も満足できるものだ。

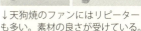

聖性と俗性、川vs山

川と山は異界との境界線

浅草寺と薬王院の最も対照的なものは、川と山という環境の違いです。しかしどちらも川または山を介して国境《くにざかい》でもあったという大きな共通点も持ち合わせています。「境」という言葉は、交通手段の発達した現代と明治以前とでは全く異なる意味を持ちます。

隅田川は武蔵と下総、高尾山は武蔵と甲斐・相模との国境でした。隅田川には防衛上の目的もあって長い間橋が架けられませんでした。同じように高尾山から伸びる山筋には砦が築かれ、今でも城山とよばれる場所がいくつか残り、関所も設けられました。

そしてこのような地域には不思議な話も語り継がれるものです。なぜなら境とは地域を指すだけではなく、異界との境を意味するからです。そしてこのような環境が浅草寺や薬王院に及ぼした影響は大きいのです。こちら（此岸《しがん》）から見た境の向こう（彼岸《ひがん》）は異界であったということです。つまり、浅草と高尾山それぞれが異なる川と山という環境の中に共通して異界と接触しているのです。

河原の聖性と怪異

中世、河原は異界との境界線であり、穢れを洗い流す禊《みそぎ》ぎの場所でした。そこは聖域なのですが権力側から見れば不安定で検地の対象にならない非生産的な土地でもあります。したがってそこに仮の宿を構える人々はかつて河原者《かわらもの》とよばれ卑賤視されました。現在でもホームレスの人々がブルーテントなどを張って暮らしている様子を見ますと、人生模様は中世も今もあまり変わらないと思ってしまいます。しかし一方で河原はエネルギッシュに庶民文化を生み出し、発信し続けた場所でもありました。

江戸という都市の東半分は川が縦横に流れる河原のような湿地帯でしたから、じつはどこに異界が出現してもおかしくない状況でした。ですから七不思議などもあちらこちらで語られたのです。そのような中、民俗学的な意味で最初の河原とよべる場所は日本橋の元吉原といえるでしょう。しかし明暦の大火を機に広小路が作られると河原は隅田川河畔の両国、浅草一帯に集約されました。盛り場の誕生です。特に黄金の観音像が出現した聖域としての歴史を持つ浅草こそが異界に最も接近した河原・盛り場になったといえるのです。

ところで初めて記録された浅草の怪異は、鎌倉時代に成立した日本の歴史書『吾妻鏡』に登場します。それは建長三（一二五一）年三月六日のことです。そこには、

「武蔵の国浅草寺、牛の如き者忽然《こつぜん》と出現し寺に奔走《ほんそう》す。時に寺僧五十口ばかり食堂の間

集会なり。件《くだん》の恠異《かいい》を見て、二十四人立ち所に病痾《びょうあ》を受け、起居進退居風を成さずと。七人即座に死すと」

とあります。つまり当時、すでに立派な寺院だった浅草寺の食堂で五十人ほどの僧が集会をしていると、そこに牛のようなものが突然現れて駆け回り、その毒気に当てられた七名が即死、二十四名が重い病気をわずらったということです。この記事は、かつてこの辺りが檜前《ひのくま》の牧《まき》だったこと、対岸の牛嶋、疫病神でもある牛頭天王《ごずてんのう》などを連想させます。浅草から少し上流の千住には今も牛頭天王を祀った素盞雄《すさのお》神社があります。

また、民俗学などでは隅田川の橋場、石浜とよばれる地域（白髭橋周辺の西岸）の聖性が語られます。すなわち東岸と西岸の子供たちが石の投げ合いをするのですが、西岸の石浜には小石が豊富でいつもこちらが勝つ。それで東岸の子供たちが秘かに西岸に渡って石を盗んで自陣に運ぶのですが翌朝になると全て西岸に戻っているというのです。このことは何を語っているかといいますと「土地の神が所持するものの帰属性」なのです。

これを連想させる話が高田衛編の『江戸怪談集』（編・校注：高田衛）にあります。これは『宿直草《とのいぐさ》』に記載された話として浅草寺にまつわる怪談の一編です。

「寛永七、八（一六三〇～三一）年の話。都の男が江戸の町娘と恋に落ちた。二人で手に手を取り駆け落ちしたが、やがて夜も更ける。借りる宿もないので浅草の堂の縁に片袖を敷き、二人は寝るともなくうとうとしながら夜を過ごした。するとたちまちに夜が明けたので驚いて横を見ると女の姿がない。あちらこちらと探し回るが見当たらず、途方に暮れていると、真っ白い眉の老人がきて〝さては汝が尋ぬるはあれなるか〟と指差すほうを見れば、十二、三間（二十数メートル）ばかりの大木の枝に二つに引き裂かれた女の亡骸が掛けてあり、老人の姿は消え失せていたという」。

天狗談などにも例の多い鬼神的な仕業のようですが、これはその土地に所属するもの（人）を神が取り戻したと解釈すべきでしょう。民俗学で語られる「池袋の女」「池尻の女」と似た現象です。共にその地出身の下女に手を出したり密通をすると、女の土地神が怒り、怪奇現象が起こるというものです。その現象は下女に暇を出すとピタリと止むのです。

他にも浅草には、娘を娼婦に仕立て、誘い込んだ旅人の頭を石の枕で潰して金品を奪う老婆の話として有名な「一つ家」「石枕」の伝説、人買に攫《さら》われ大津の浜から隅田河畔まで連れてこられた末、病に罹り死んでしまった息子を捜し歩き、同じくこの地で命を落とした母親の物語（山椒太夫の原話）「梅若丸《うめわかまる》」などが語られています。これらの怪奇話が語られる背景には、ここが普通の土地ではない、つまり境＝異界であることを示しているということらしいのです。詳しく書く紙面はありませんが、「一つ家」「梅若丸」に関しましては拙書『東京の「怪道」をゆく』でも解説しています。

奥山の散所《さんじょ》権現〈浅草〉

散所（算所、産所）とは権門寺社の支配を受けながら古代末（平安時代）から中世にかけて存在した場所で、そこに住む住民は年貢を免除される代わりに掃除、土木作業、交通などに係わる雑役に服していました。主な散所の住人は浮浪民、卜占《ぼくせん》や遊芸、大道芸などを業《なりわい》とする者、賤民などとよばれた人々です。

浅草寺観音堂の裏がまさにその場所で、現在の花屋敷の辺りまでが奥山とよばれていました。その浅草の散所は穢多《えた》頭・弾左衛門が支配していました。その差配下には非人頭・車善七がおり、彼らの指図で前述した境内が清められ遺体などが片付けられたのです。

じつは浅草寺は首吊りや行き倒れの名所でした。東北地方で飢饉があるたびに耕作地を放棄した人々は浅草寺の前まで逃れてきて行き倒れとなる。大きくて有名な寺ですから僧侶が葬ってくれるだろうという安心感があるのかもしれませんし、遺体は非人が始末してくれるので、最期を目前に迎える霊がこの異界聖地に集まりやすいのでしょう。

じつは浅草は小塚原の刑場にも近いため、日常的に「死」と隣り合わせの場所なのです。

一方で、すでに述べましたように、奥山には歓楽施設の楊弓《ようきゅう》、茶屋など一杯飲める食べ物小屋や子供のための飴屋なども出ていましたから、吉原に行くほどの銭を持たない者でも格式張ることなく充分に楽しめました。

こうして人々が集まり始め、文化文政（一八〇四～二九）の頃には大いに発展し賑わいます。もちろん多くの人々は参拝を済ませてから裏へ流れてくるのですが、これは単に観音さまのご利益だけではなかったはずです。

歴史学者の松島栄一は『浅草　その黄金時代のはなし』（高見順編／新評社カメノコ・ブックス）の寄稿文「浅草の歴史」の中で「まだ推測の段階」としながらも

「私は三社権現は、おそらくは、〝さんじゃ〟〝さんしょ〟から転じたものとしての〝さんしゃ〟で、本来は散所権現といわれるべきもので、その祭りとしての三社祭は、それ故、江戸のどの祭りよりも早く、どの祭りよりも民衆的に、解放を要求する意識を内包しておこなわれるのではないか」という仮説を立てています。もちろん現在の浅草神社の祭神は、浅草郷の開拓者として土師臣《はじのおみ》と檜前《ひのくま》兄弟を三社さまとして祭っているわけですが、『浅草寺縁起』が書かれた頃には、すでに散所が存在していた可能性は充分にあり得るのです。

明治になって散所は解散され、ひょうたん池のある浅草公園となり、大衆の文化と娯楽は六区に移されました。しかし下層民衆の創り出すエネルギーの噴出は、政府の権力をもってしても止められるものではなかったのです。その代表が三社祭りだとしたら、彼らの担ぐ御輿に寄り憑く神は三社権現より散所権現がふさわしいような気がするのですが、これこそ今なおパワーを発している浅草の俗性の震源といえるでしょう。

山の聖性と怪異

日本人は死後、極楽か地獄に行くと考える方は多いようですが、それはあくまでも仏教的世界観での話です。原始神道的な他界観では「山中他界」が主です。つまり人の魂は死後山へ行き、やがてご先祖様になって私たちを見守ってくれるというものです。「ご先祖は草葉の陰から私たちを見守っている」というイメージです。ですから正月のお飾りは山から採ってきた松などを、ご先祖様をお招きする目印にしているのです。

里山までは生活上欠かせない場所ですが、それより奥の深山幽谷は立ち入ると恐ろしいことが降りかかる聖域だったのです。昔はレジャー登山など考えられませんでしたし、実際に誰一人いない山中に迷い込むと、人は数時間で幻覚・幻聴を体験するといいます。

そこには山中で亡くなった人の霊はもちろん、怪異現象や妖怪たちが充ち満ちています。山男、山女、山姥《やまんば》、山童《やまわろ》、雪女、猿神、犬神など地域によってもさまざまですが、中でも一番語られているのは「天狗の怪異」です。具体的には、

天狗礫《つぶて》（ヤニ礫）：人のいない方角から突然大風と共にバラバラと大小の石やヤニが飛んでくる。夜は山小屋の屋根や壁に当たってくる場合もある。

天狗倒し：深夜にカ〜ンカ〜ンと木を伐る音がして、続けてザワザワズシ〜ンと木の倒れる音がする。夜が明けてから音がした辺りを確かめに行っても倒れた木はなく、草一本

乱れていないという。多くの人が同時に聞くこともあり、山中で体験される集団幻聴のひとつといわれている。

天狗囃子《ばやし》：周辺に祭りをしている地域はないのに、どこからともなくお囃子の音が風に乗って聞こえてくる。天候などの条件にもよるといわれる。

似たような現象に「天狗笑い」「天狗ゆすり」などがあります。

高尾山にもかつて甑《こしき》谷で天狗倒しの恐ろしい音を何人ものお坊様が聞いたり「天狗なんかいるものか」などという（天狗にとっての）不信心者に天狗礫を浴びせたという話が残っています。反面、親孝行の母親のために温泉を出したという話も残っています。

筆者がボランティア活動をしている東京都の「高尾パークボランティア会」に、今は亡くなられたのですが大先輩で大正十（一九二一）年生まれの落合一平さんがおられました。その彼が私共の機関誌『かえで』（当時は『ビジターだより』）に投稿してくださった「高尾山話」のうち「天狗倒し／平成一（一九八九）年四月十日」を紹介いたします。

「高尾山薬王院有喜寺については、新聞、テレビ等のマスコミによって報ぜられているが、まだまだ知られざる面があると思う。弘法大師一一五〇年遠忌に建立された山門をくぐって左手にある信徒待合所の地には昔、有喜寺の製材所があって（作業場。113頁参照）護摩札や塔婆寄付者芳名札等を製材していた。材料は山内のモミ、杉、桧《ひのき》などの風損木を営林署より払い下げて使用していたものである。私の親父も働いていた時代があり木挽《こびき》もやっていた。今でも物置の屋根裏に大きな鋸《のこぎり》がある。そんなある日、モミの大木を仲間と伐っていて一服のオシャベリのひととき、〝天狗なんかいる訳がない。あれは人がこしらえた作り話だよ〟と声高に話して仕事を始めたところ、ゴォーと山鳴りがして山が揺れ出した。親父は大いに驚いて斧や鋸を投げ出して逃げ帰ったと晩酌の折りに話したことがある。子供心に恐ろしかったが、その時の天狗は三十一世山主である山本秀順猊下《げいか》（ここではそばに控える者という意味か）といわれる烏天狗であったのか。または突然の大風であったのだろうか」。

以上は突風のような大風が起きた話で天狗礫というわけではありませんが、山中の怪としては充分な迫力を感じます。ただ、何度も書いてきましたように高尾山が修験の山として認識されるようになったのは戦後のことです。確かに滝の行場も三カ所ほどありましたが（現在は琵琶滝と蛇滝のみ）、それらは江戸時代後期に観光を兼ねた垢離《こり》場として開かれたものです。また、心の病に霊験があるということで麓の病院が患者に滝を打たせていたという話も残っています。

いずれにせよ高尾山は決して高い山ではありませんが、東北から連なる冷温帯林と九州から連なる暖温帯林の境界線に位置するため非常に豊かな自然に恵まれています。薬王院の存在がこの森を聖域とし、それを護り、維持してきたことは大きな一つの要因です。つまり自然の森が昆虫や鳥や動物を呼び、結果として多くの観光客を集めているのです。

人の魂が死後、山へ行くという話は述べましたが、じつは高尾山は自殺の多い山でもあります。私がボランティア会に入ったばかりの頃は今ほど入山者もいませんでしたが、よく「道を外すと余計なものに遭遇するぞ」と注意されたものです。実際に道を外さなくても早朝、山に入ると自殺現場に遭遇するときがあります。そのような人は「早く発見されたいから目立つ場所で命を絶つのだ」と聞きますが、発見する側は決して気分の良いものではないばかりか、死体の近くに一日拘束されてしまいます。あまり公表されないのです。

つい数年前、私の知り合いの従姉妹のかたが沖縄から来て初めて高尾山に登ったときのこと、突然頭上から低い声で笑う男性の声が聞こえてきたそうです。あわてて辺りを見回すとそこには「天狗の腰掛け杉」の解説板があり、それでその声は天狗のものと知ったそうです。筆者などは十数年高尾山に通っていますが、まだ天狗の声は聞いたことがありません。雑念を持たぬ純粋な心にのみ響くその声は、もはや筆者には聞こえないのでしょうか。

漆黒の闇を体験したことのない都会に住む人々は「橋」や「辻」「里山」が異界への入口だということをすっかり忘れてしまっている。かつては「どこか」を越えることによって怪異現象が身に襲いかかってきたのだが今、人が一番恐れるものは「危ない人」になってしまった。しかし異界の魔力は今もなお健在で人を惹きつけてやまない。

人力車vsケーブルカー

浅草の人力車

明治・大正を舞台にしたドラマでしかお目にかかれなかった人力車が今、全国の観光地を走り抜けています。客引きも激しく浅草だけでも数百台走っています。もちろん運送業としてではなく観光ガイドが目的で、会社も「くるま屋」「えびす屋」「時代屋」など数社入っています。価格はおおよそ二人乗り三十分で一万円弱。他にもさまざまなシステムが設定されています。しかし全体像は摑みにくく、車夫の人に聞いてもアルバイトの若者が多いため、詳しいことは知らない様子で、あまりはっきり答えてくれません。

すなわち浅草全体で何台走っているのか、客引きにルールはあるのか、誰がどこで取り締まっているのか等々、おそらく車夫の実力で収入にはかなりの差がつくと思われます。体力、知識、会話力などはもちろんのこと、話し上手なイケメンが稼ぎ頭なのでしょうが、中には女性の車夫（車婦？）も見かけます。

このシステムは日本中の観光地にあって若者に「激レアなバイト」として人気があるの

です。ですから皆、楽しそうに働いているように見受けます。もちろん外国人や若い女性の乗客も膝に赤い毛布を掛けて笑顔一杯です。それもそのはず、車夫にも乗客にもステイタス感一杯なのです。

たいていは二人乗りですが三人乗りの車体もあります。婚礼用もあり車夫、新郎新婦ともに注目度は抜群です。浅草には坂が少ないだけ助かるのかも知れませんが、現実はかなり重労働のようで、人材確保には各社とも苦労しているようです。

浅草周辺の道路上にはほかにも上野―浅草間を無料のパンダバスも走っており、華やかというより、年中カーニバル状態です。

高尾山のケーブルカー

高尾山には昭和二（一九二七）年に高尾登山鉄道による営業が開始されたケーブルカーがあります。大戦中に一時休止されましたが戦後の昭和二十四（一九四九）年に復活、その十年後には全自動制御となっています。下の駅名は「清滝駅」、上は「高尾山駅」です。最も急な場所は高尾山駅直下で三十一度十八分。日本一の急勾配を誇ります。ただし高尾山駅は頂上ではなく高尾山の中腹です。ここから薬王院まで十五分、高尾山山頂までは五十分ほどかかります。

ケーブルカーは通常十五分間隔で運行していますが土日の混雑時にはピストン輸送となり、七~八分間隔になります。つまり片道七分ほどで上下していますが、「高尾山駅」周辺まで徒歩で急坂を登りますと汗をかきながら三十分以上かかります。

桜や紅葉の季節には、ピストン輸送に替えても乗降客は長蛇の列となるのですが、文句をいう人はめったに見かけません。もはや百パーセント観光地化している現象で、純粋に登山目的の人は、その行列の横をあきれ顔で通り過ぎるといった光景があたりまえになってきました。これに参拝の人も混じるため、駅前広場は混雑を越えた混沌ぶりになります。

恐縮な話ですが、昭和十七(一九四二)年に一度だけ事故を起こしたことがあります。腐食が原因でケーブルが破断し、車体が暴走転落したものです。その時は三名が死亡、六十五名が負傷しました。現在ではわずか二メートル滑っただけで留められる強力な自動ブレーキがレールを挟んで安全に停止できる構造になっています。

高尾登山鉄道ではリフトも運行しており、こちらの、特に下りの景色はお薦めです。下の駅名は「山麓駅」、上は「山上駅」で片道十二分ほどです。ケーブル共に片道四八〇円ですが、京王線を利用される方には「おとくなきっぷ(高尾山きっぷ)」をご利用することをお勧めします。

人力車は、いかにもアジアらしい風俗だ。車夫にも客にもひとつのステイタスがある。しかし今は供給過剰状態のようでもある。ケーブルカーやリフトは山岳観光に付きものではあるが、天候の急変や怪我など、いざという時には欠かせないインフラでもある。

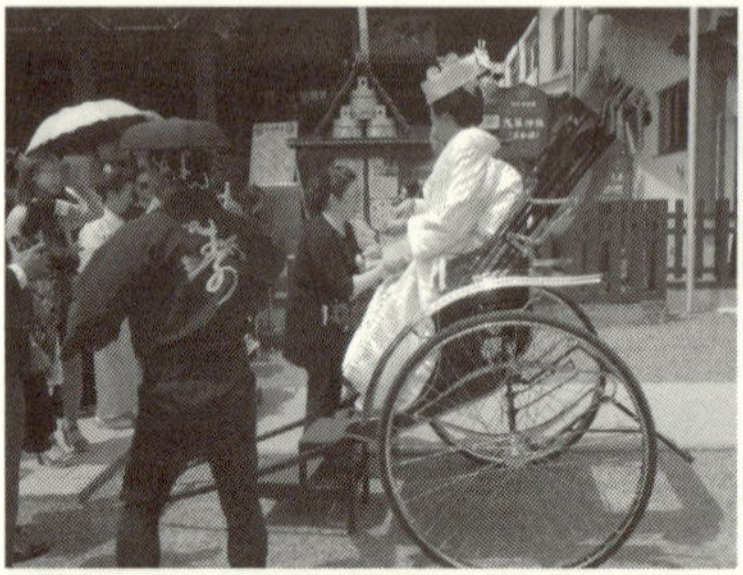

雷門の周辺では多くの車夫が客を呼び込んでいる。車道の脇にも多くの人力車が駐輪しており、これもひとつの浅草の新しい風俗のように見える。

高尾登山鉄道のリフト（↑）とケーブルカー（↓）。

第三章　古絵図で再発見、浅草寺と薬王院の不思議

古い絵図をよくよく視《み》ますと、浅草の人気寺院と高尾の山寺《やまでら》がいかに戦略を立てながら信仰と堂宇を維持してきたかが見えてきます。

縁起を守り大衆の利益《りやく》や娯楽に応じ様々な神仏を勧請してきた浅草寺。

人を呼ぶための魅力を作る一方で深山の荘厳さを追い続けた薬王院。

信仰を超越した今の国際的ブレイクは決して偶然ではないのです。

江戸時代の浅草寺境内を散策する

以下『江戸名所図会・巻之六・金竜山浅草寺』の中で十頁にわたって描かれた天保五～七（一八三四～三六）年頃の浅草寺境内の様子です。図の中に訳を添えてあります。

図の右は南になります。風雷神とあるのは雷門（風神雷神門）のことです。

前の道は浅草広小路で洗い張りらしき長い布を干していたり高札が立っています。高札といっても柵がないので芝居などの出しものや開帳の告知ではないかと見られています。さらに盆栽や植木なども展示されています。広小路の手前は並木町、江戸で大変人気のあった名酒・隅田川の店があります。上方には浅草川が流れていますがもちろん隅田川のことで、この頃は酒の名になるほどの清流だったのでしょう。

今の仲見世は浅草寺の子院の前に並んだ簡易な小屋だったことがわかります。子院にはそれぞれ鹿島、秋葉、弁天、大神宮などが祀られており、中でも梅園院《ばいおんいん》は境内に梅の木が多く、そこの「子育て仁王尊」は梅の香りが匂う＝仁王とかけて人気でした。

文化十（一八一三）年に松平冠山が著した『浅草寺志』によれば浅草寺全体では神仏の

末社が百数十社あり、現世利益を求める人々が大勢集まっていたそうです。

参道両端には境内や子院の掃除、雑用を務める人達が許されて茶店や楊枝屋（今の歯ブラシのようなもので口内を清潔にするための道具）などを出していました。特に楊枝屋は評判の美人を競って揃え、彼女たちは多くの浮世絵のモデルになっています。

銭瓶弁天の向かいにある「錦袋円」とは有名な薬のことで痛み止め・気付け・毒消などに効く丸薬。日光・奥州道中を行く旅人もここから買っていったことでしょう。

その先の講釈小屋では落語や講談の祖となる「深井志道軒」が自作の木製男根を振り回して熱弁を奮《ふる》っていました。かなりの変人だったらしく、かの平賀源内が自作の空想小説『風流志道軒傳』の主人公に抜擢しています。「手遊び屋」とは玩具や浮世絵などを扱う店。

仁王門(今の宝蔵門)の手前には「平内堂」や「芝居小屋」が見えます。向かいには「本坊」「恵比寿」「地主神社」があります。「仁王門」では、子供が右方の仁王の股をくぐると疱瘡除けになるといわれていましたが、普段は柵で囲まれており、月ごとの縁日以外は中に入ることを禁じられていました。しかし境内には別に「疱瘡神」も祀られています。

その仁王門を過ぎると今は左にある「五重塔」が右にあります。メインの「観音堂」や「三社権現」の周囲には様々な神仏が小祠に祀ってあり、浅草寺がいかに庶民のニーズに応えようと努力していたかがわかります。

かつては観音堂の裏に東照大権現（徳川家康）も祀ってあったのですが、焼失したきり再建されませんでしたので、この時代にはすでにありません。「十社」とは十社権現のこと。初めて薬《あかざ》の草堂に観音像を祀った草刈り童たちが祭神です。

「念仏堂」の手前の人垣は「松井源水」の独楽《こま》回しを見ている人々で小間物や薬などを商うために人を寄せているのです。さらに進むと奥山とよばれた歓楽広場。ここには「芥《けし》の助（東芥子之助）」とよばれる人が豆と徳利をつかった大道芸や手品を見せて好評を博し、こちらにも人垣ができています。広場には新吉原の遊女たちが奉納した「千本桜」が植わっており、その周囲には「楊弓小屋《ようきゅうごや》」や、文字はありませんが吹矢小屋が並んでいます。

楊弓場は別名「矢場《やば》」といい、おもちゃのような弓矢で的を狙うのですが、そこで働いていたのは若い女性で、客に尻を向けて矢を拾ったり身体を密着させて打ち方を教えるなどして媚びを売るのです。つまりいかがわしい風俗営業の小屋。裏に客を連れ込んだりしていましたので、今日の「ヤバイ」の語源といわれています。

手前奥には「水茶屋」や「菜飯屋《なめしや》」が並んでいます。水茶屋は掛茶屋ともいい、社寺の境内で湯茶などを供して休息させた茶屋です。一人二十四～五十文だったそうですが特に定価はなかったといいます。

菜飯屋《なめしや》は刻んだ青菜を炊き込んだ飯を出す店で、それには味噌田楽が付くそうです。

奥山にはインチキな見世物も多かったようだが江戸の人々は騙されることを半分承知の上で楽しんだようだ。『江戸の盛り場』画・著：伊藤晴雨／富士書房より

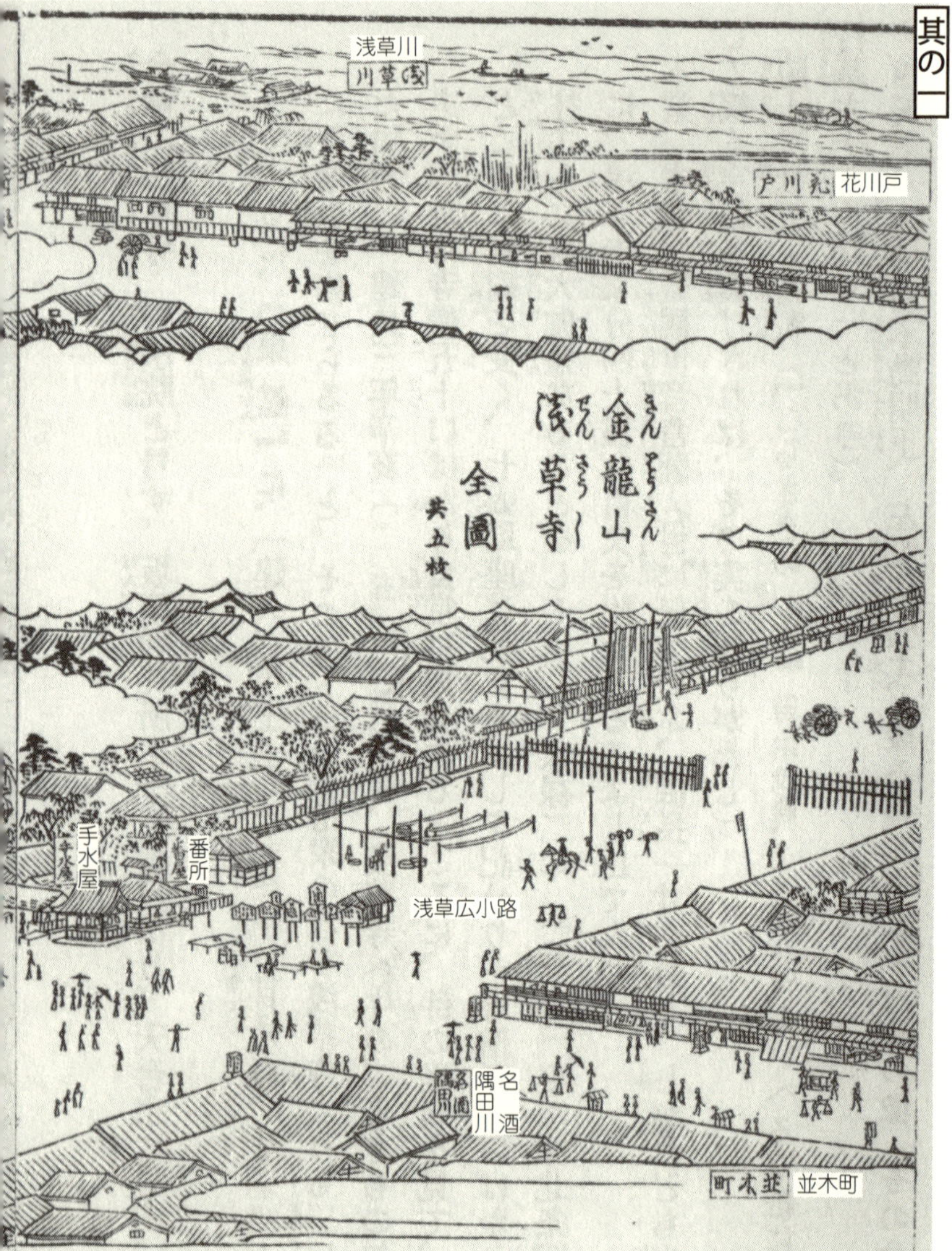

立ちよりて結縁すべし　などいへば秋ならぬ木末の花もあさくさの露ながれそふ角田川かな　宗牧。

090

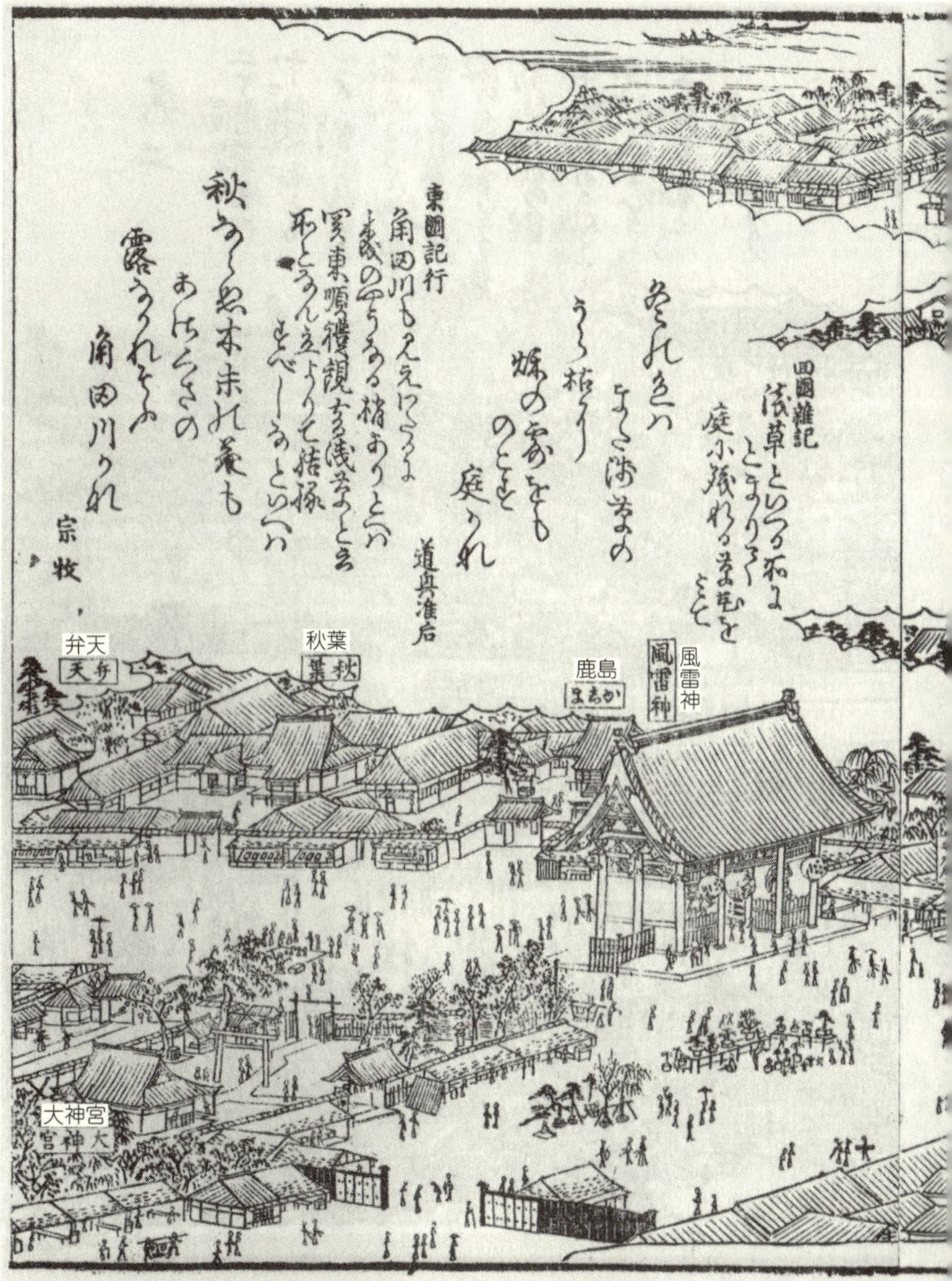

『東国紀行』角田川も見えわたるに森のやうなる梢あり とへば関東順礼浅草観音といふところとなん

其の二

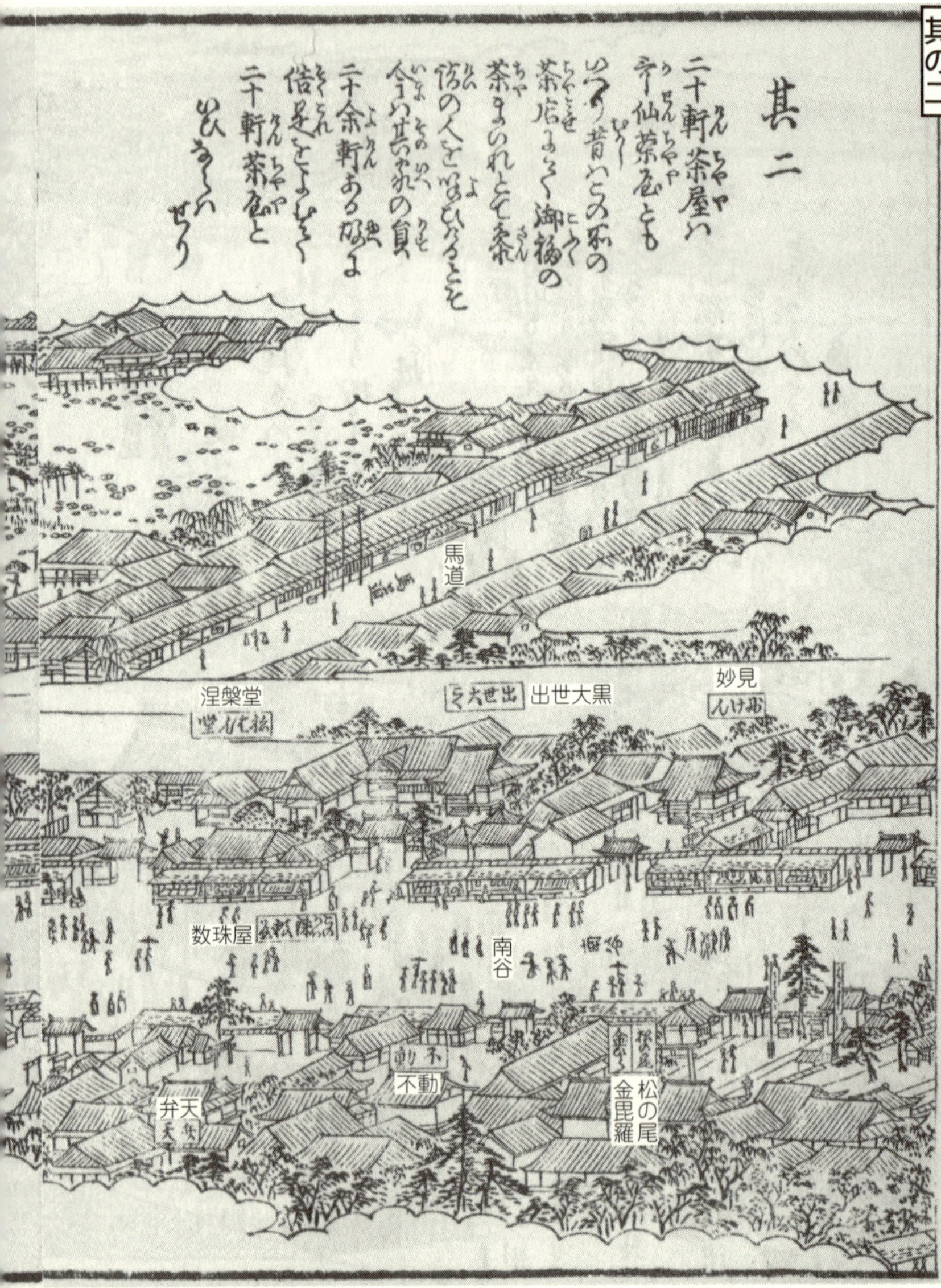

089

五代将軍吉宗の命により改鋳され、今なお毎朝六時に役僧によって撞き鳴らされており現役。

松の尾：京都の松尾大社から勧請された醸造の守護神である大山咋命と思われる。

092

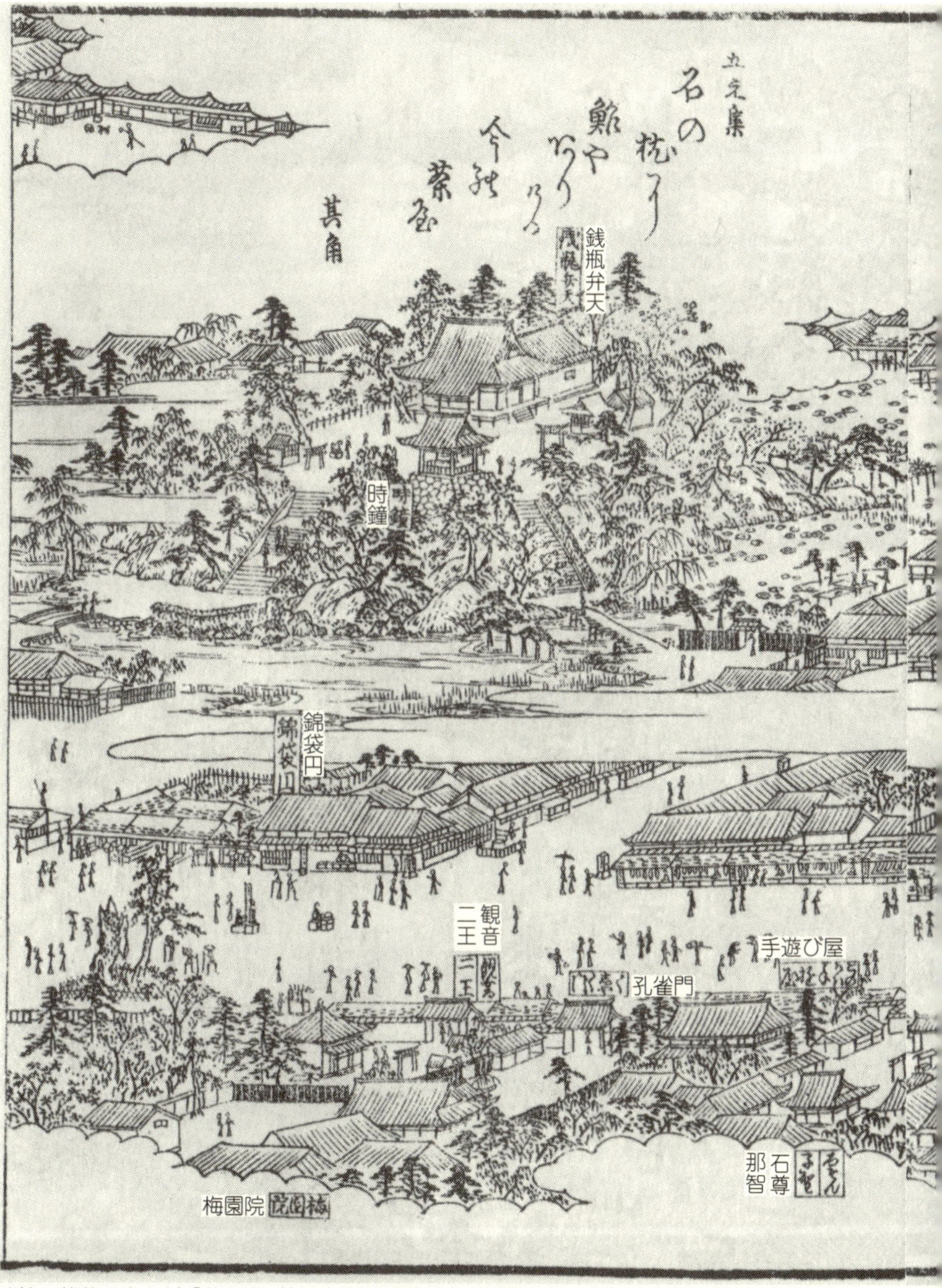

時鐘：芭蕉の詠んだ「花の雲　鐘は上野か浅草か」の浅草の鐘。銘によれば元禄五（1692）年、

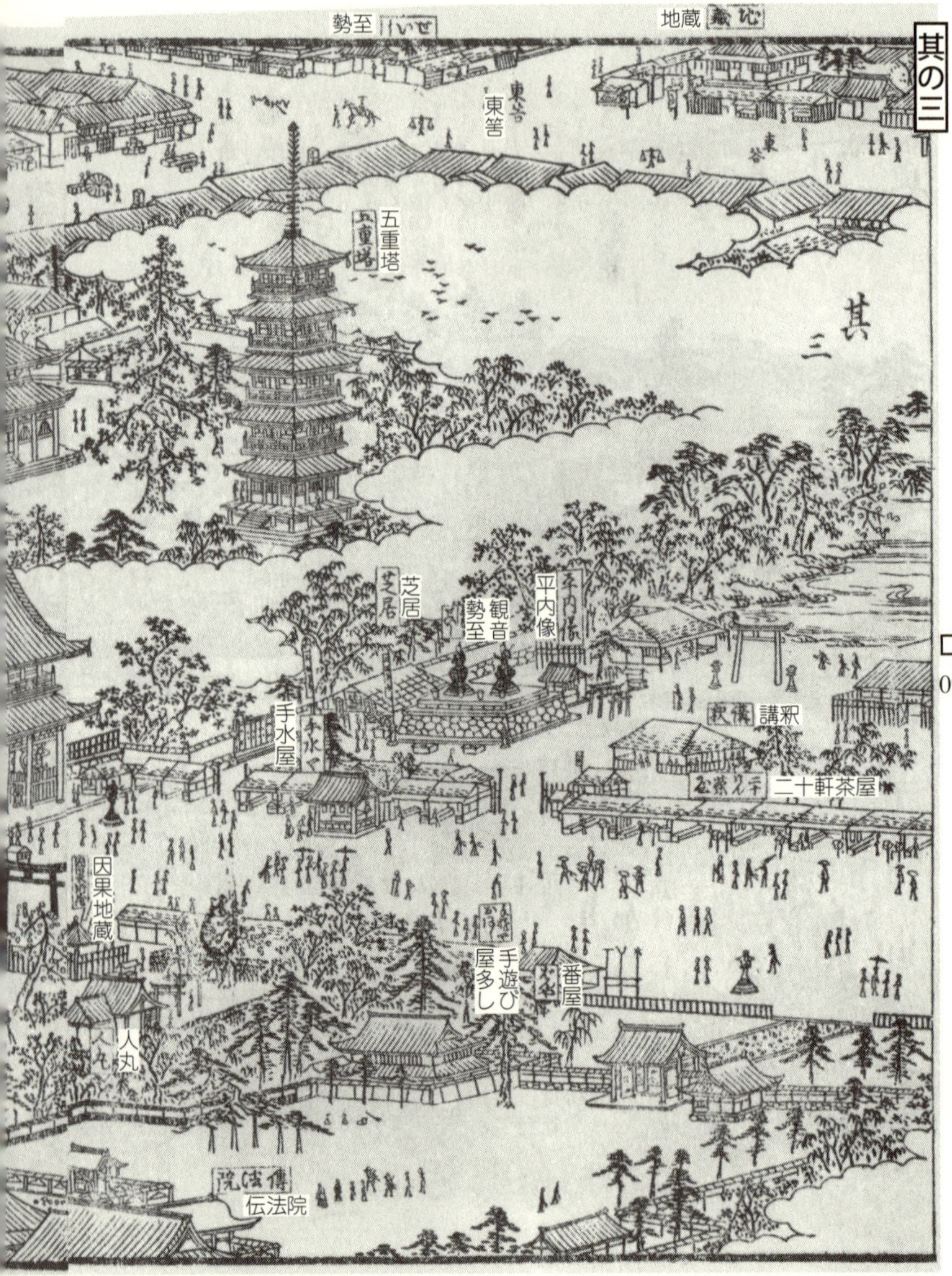

091

（067 頁参照）や、楊枝屋の看板娘たち（041 頁参照）の浮世絵なども扱っていたのだろう。

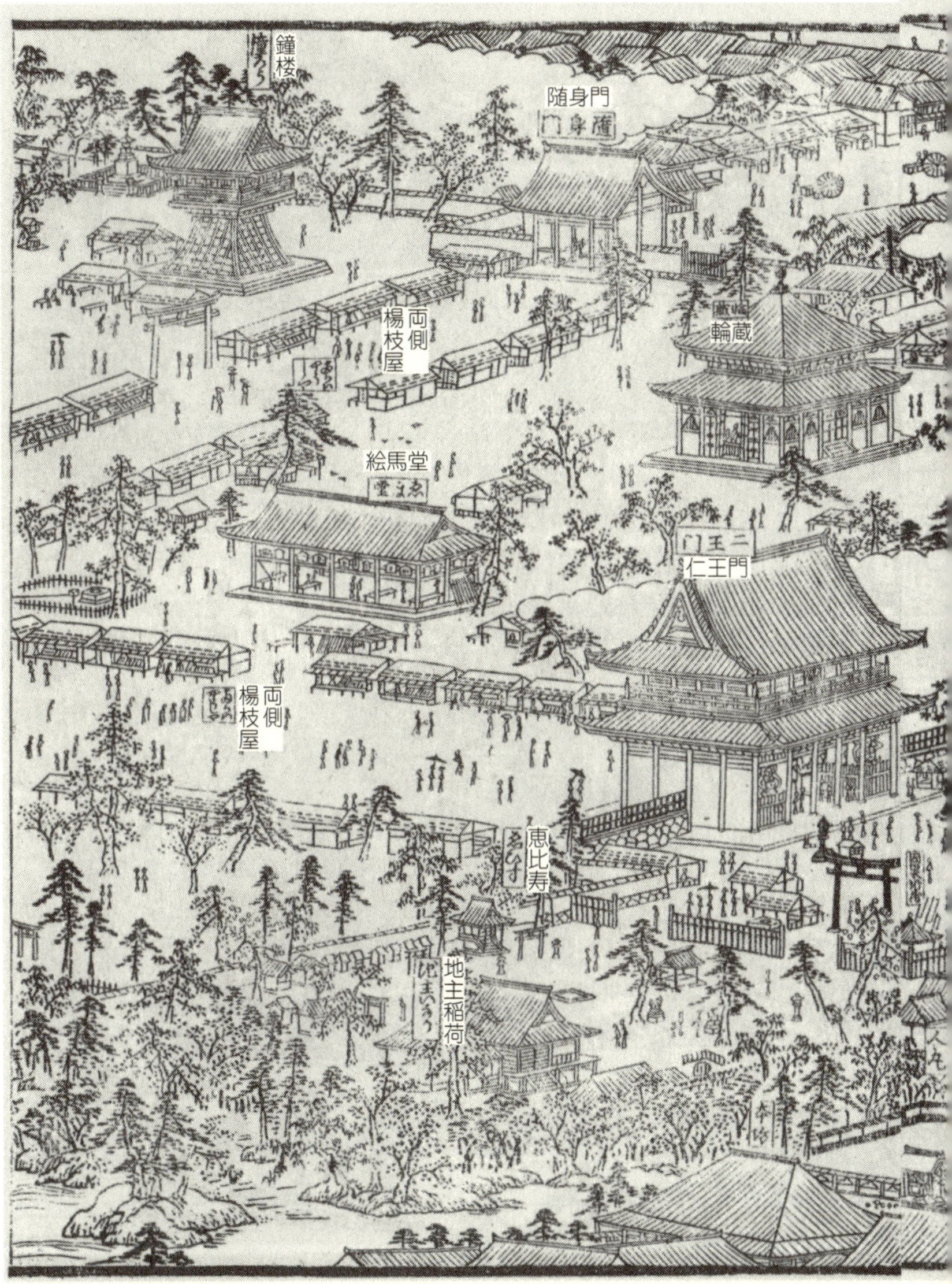

094

手遊び屋：子供用の玩具から大人向けの浮世絵などを扱っていた。大流行した「とんだりはねたり」

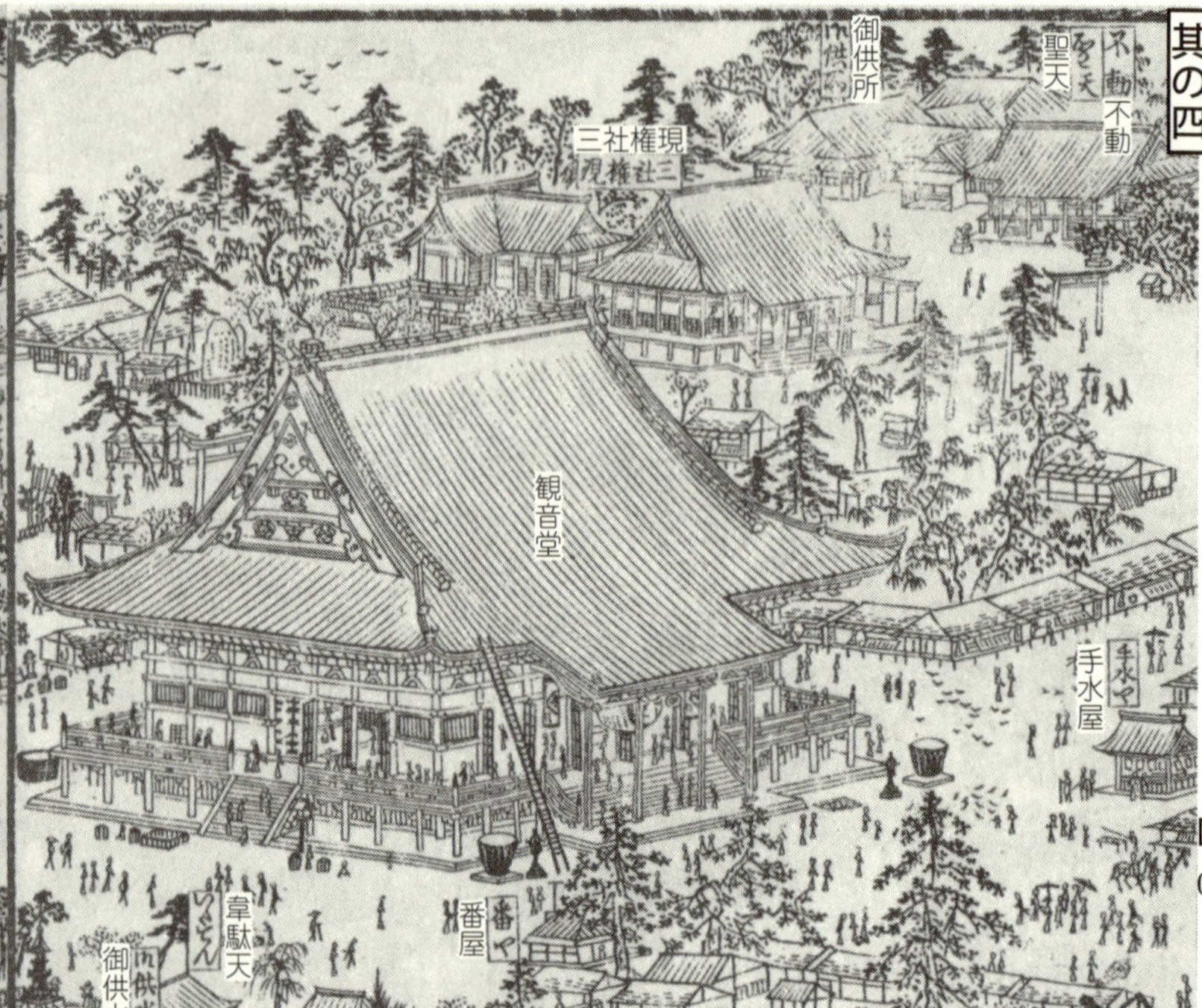

093

豊穣祈願」、「水難海上安全」などだが、万葉の歌聖であることから、「学芸の神」にもなっている。
に持ち歩けば剣難盗賊除けになるといわれていた。　笠明神：養蚕の神、衣笠明神のことか。

096

人丸神社：柿本人麿を祀る。ご利益は第一に「疫病除け」、「火難除け」、「眼病治癒祈願」、「五穀
熊谷（くまがへ）稲荷：この宮から出すふだを門戸または家内に置くと盗難除けとなり、道中

⇨ 095

「お富士さん」の名で親しまれ、植木市が開かれる。周囲には富士公園、富士小学校などがある。

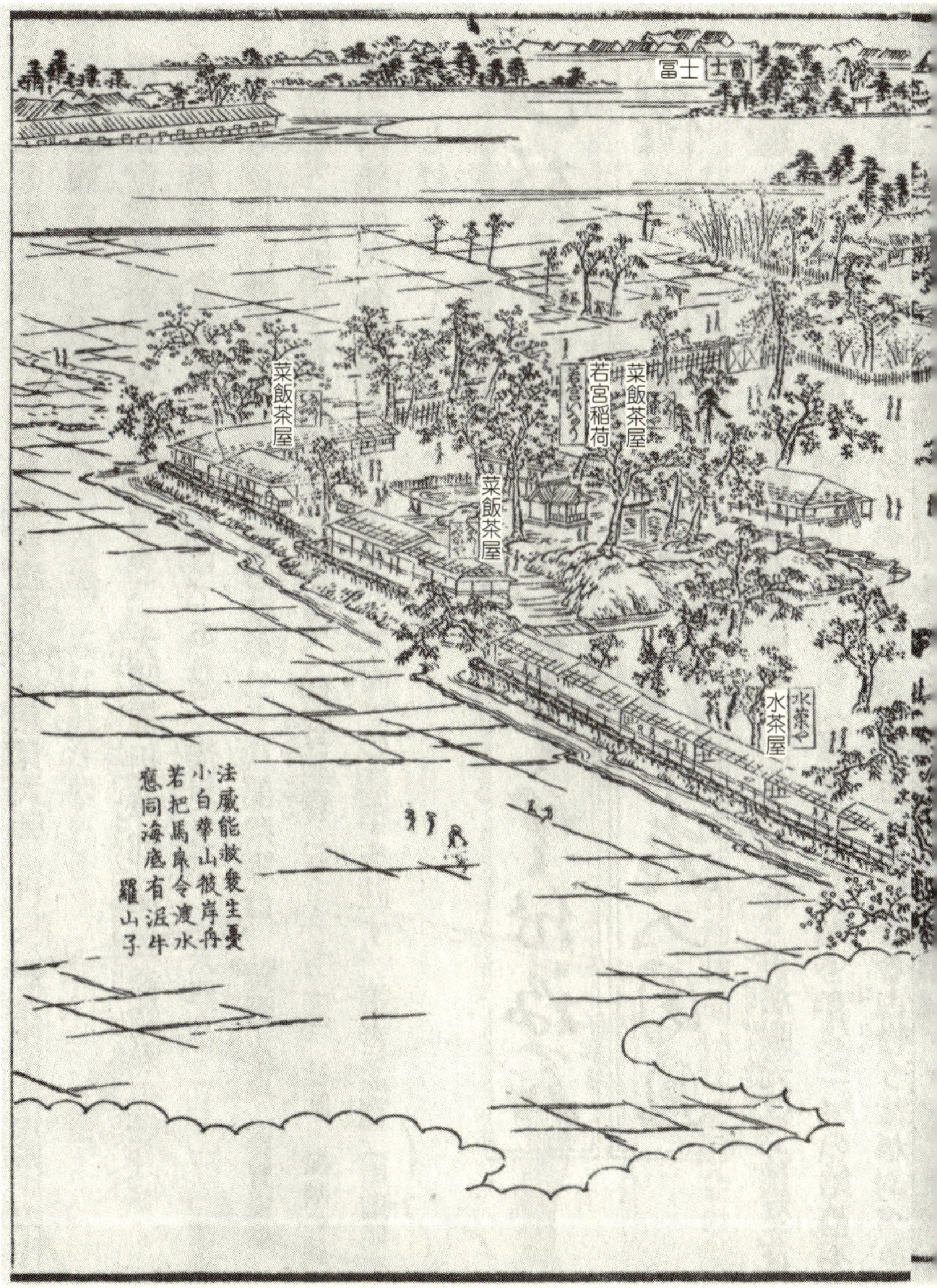

富士：境内裏口から出て北端に小さく見える富士塚。今はないが、浅間神社は現存し、今でも

江戸末期から昭和までの高尾山を眺める

文化十（一八一三）年から昭和五（一九三〇）年までの九枚の高尾山絵図を時代順に見比べてみましょう。江戸末期からのものしか残されていませんが、不思議な変化がいくつかあります。ここにはお寺の思惑、図を描いた人の夢、描かせた人の作戦がちらりと垣間見えるような気がするのです。ある意味これらの図は集客用のパンフレット、旅行記の挿絵だったからでしょう。とはいえ一、二枚目に登場する『武蔵名勝図絵』『新編武蔵風土記稿』の絵図などは、航空写真もない時代のことですから、驚くほど正確というわけではありません。しかしこの図が後の総図のお手本になっているように思われます。

まず注目したいのは今の本堂に関してです。この場所にははじめ三つのお堂が並んで建っていました。向かって右から大日堂（または大師堂）、薬師堂、護摩堂です。しかし崖崩れの災害に遭い、明治三十四（一九〇一）年、大日堂は後方横に移動し今の大師堂に、薬師堂は山を下り京王線高尾駅近くの大光寺に移され（今はない）、護摩堂は当時の山頂

（180頁参照）に移設されて今の奥の院になっています。そして三つのお堂があった場所に薬王院大本堂が建つことになります。ちなみにこの時、正面の「高尾山」と書かれた額は小松宮殿下の筆だそうです。

次は今の四天王門です。昭和五十九（一九八四）年に再建されたとあります。不思議なことに絵図を見ますと当初は両脇が柵の質素な冠木門《かぶきもん》だったものが突然立派な楼門になったり、次には全く跡形もなくなっている、といった具合です。しかもその間火災にあったような記録もないらしいのです。それに対して仁王門は、いつも必ず描かれています。

また登山口、今の1号路入口に一の鳥居があったこと、やはり今はありませんがそこを登ると古滝（布流滝）とよばれる滝が落ちていたことなども見えます。ちなみに二の鳥居は本堂から権現堂に上がる石段の手前に立っていました。それは今、権現堂の前にあります。

境内の五重塔（唐銅製）の位置が度々変わっているのは必ずしも絵師が実際に見て描いたからではないのでしょうか。浅間神社の位置もよく変わっています。富士山が全く見えない位置（今の城見台）にも鎮座しているのは、何らかの理由があるからでしょう。

何よりも当時の高尾山の山頂は今の奥の院がある場所になっていることです。絵図にはこれより高い場所は描かれていません。薬王院にとっての高尾山はここで完結しているのです。などと注意しながら眺めていますと興味が尽きません。

文化十（一八一三）年「武蔵名勝図絵稿本」 日野市寄託・個人蔵／提供：日野市郷土資料館

筆者が知る一番古い絵図ですが、すでに江戸末期のものです。画は植田孟縉《もうしん》。奥の院、本社の下に大師堂、ヤクシ堂、ゴマ堂が並んでいます。浄土院という子院も見えます。

ドッコ水：「独鈷（手に持つ法具）水」のことで、高尾山では俊源ゆかりの清水のこと。
かつてこの場所に湧水（古井戸）があり、山内の遺跡名所のひとつになっていたようだ。
ミタラシ：「御手洗」のことで、やはり湧水か沢があったと思われる。

文政五（一八二二）年「新編武蔵国風土記稿・飯綱権現社地図」 国立公文書館蔵

前図から七年後のものです。奥の院の下は、確定はできませんが「飯縄堂」と読めるようです。大師堂は大日堂になっており、薬師堂、護摩堂と並んでいると思われますが、これも判読できません。城見台の場所に浅間社が建っていますが、ここから富士山を遥拝することは方角的に不可能だと思います。ここでも総門は冠木門です。

オクノ院
飯縄堂
大日堂
二王門
薬王院
独鈷水
大山道
ピハ滝道
琵琶滝

文政十（一八二七）年「高尾山石老山記・高尾山総図」 著：竹村立義著／国立国会図書館蔵

前図からさらに五年後のものです。原画はカラーですが堂宇と鳥居は総じて朱塗りに描かれています。ここでも総門は冠木門《かぶきもん》です。表門とあるのは今の黒門でしょう。山頂に大天狗・小天狗の小祠といづな、他にもせんげん（浅間）、まりし天（摩利支天）、妙見堂などの祠が祀られているのは、明らかに修験の影響です。二天門（仁王門）の横に大きな鳥居が見られるのも特長です。

御手洗水：湧水か沢があったのか。　掘抜：深く掘った井戸。

松ノ尾：醸造の神・松尾大社から勧請か。　妙見堂：妙見菩薩は北斗七星を象徴した宇宙の神。
飯綱・浅間社の横に大天狗・小天狗の祠があったようだ。修験道の影響が大きい。

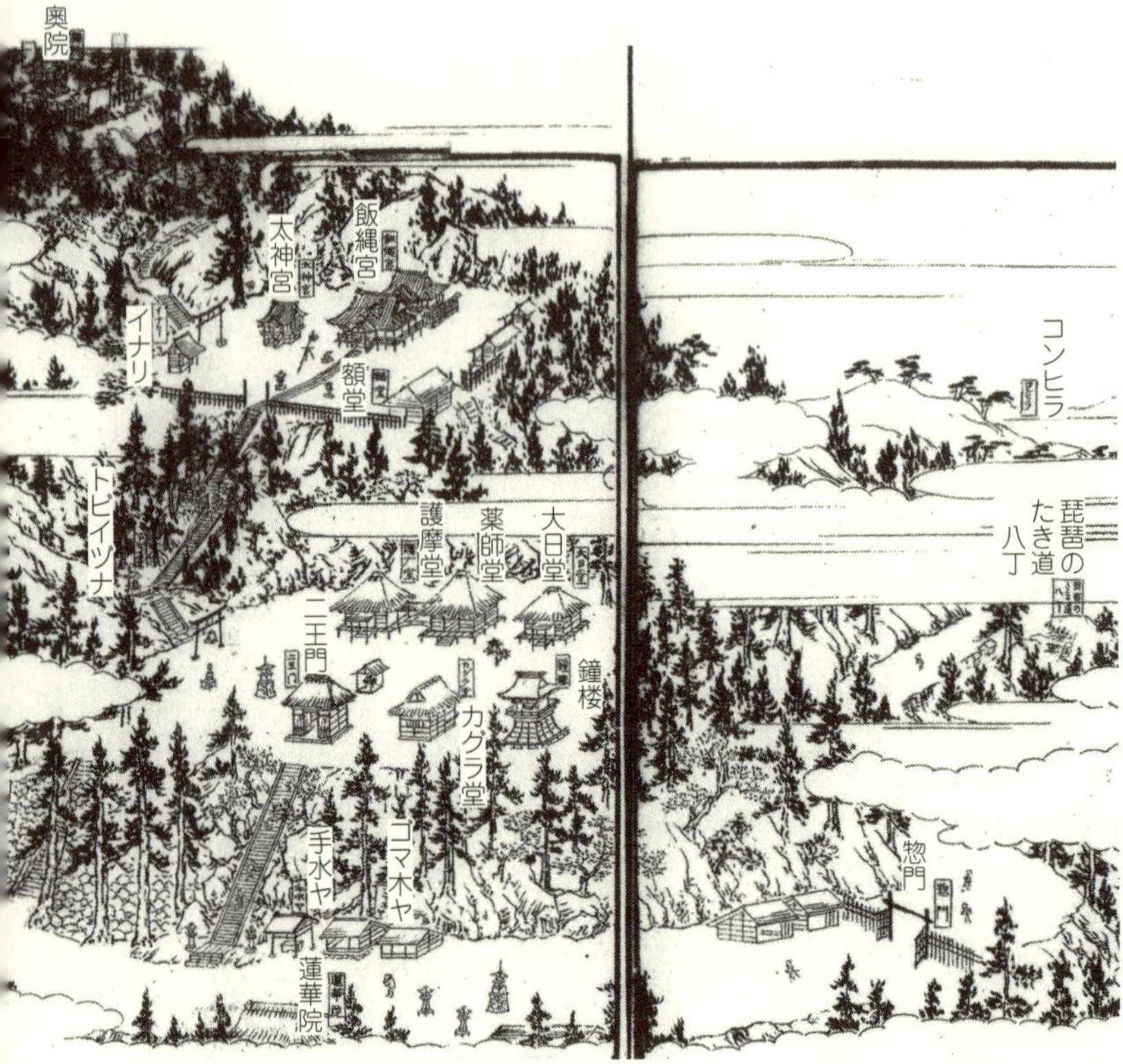

天保七（一八三六）年「八王子名勝志」著：百枝翁／国立国会図書館蔵

境内図ですので堂宇の位置関係や名称などが山頂部分を除き、よくわかります。総門はここでも冠木門で、特に記入してありませんが五重塔も描かれています。ゴマ木ヤとは護摩木屋で作業場のことでしょう。

これまでになかった鐘楼、カグラ（神楽）堂、額堂（絵馬堂か）、太神宮、イナリ（稲荷）などが見られます。二王（仁王）門をくぐって左

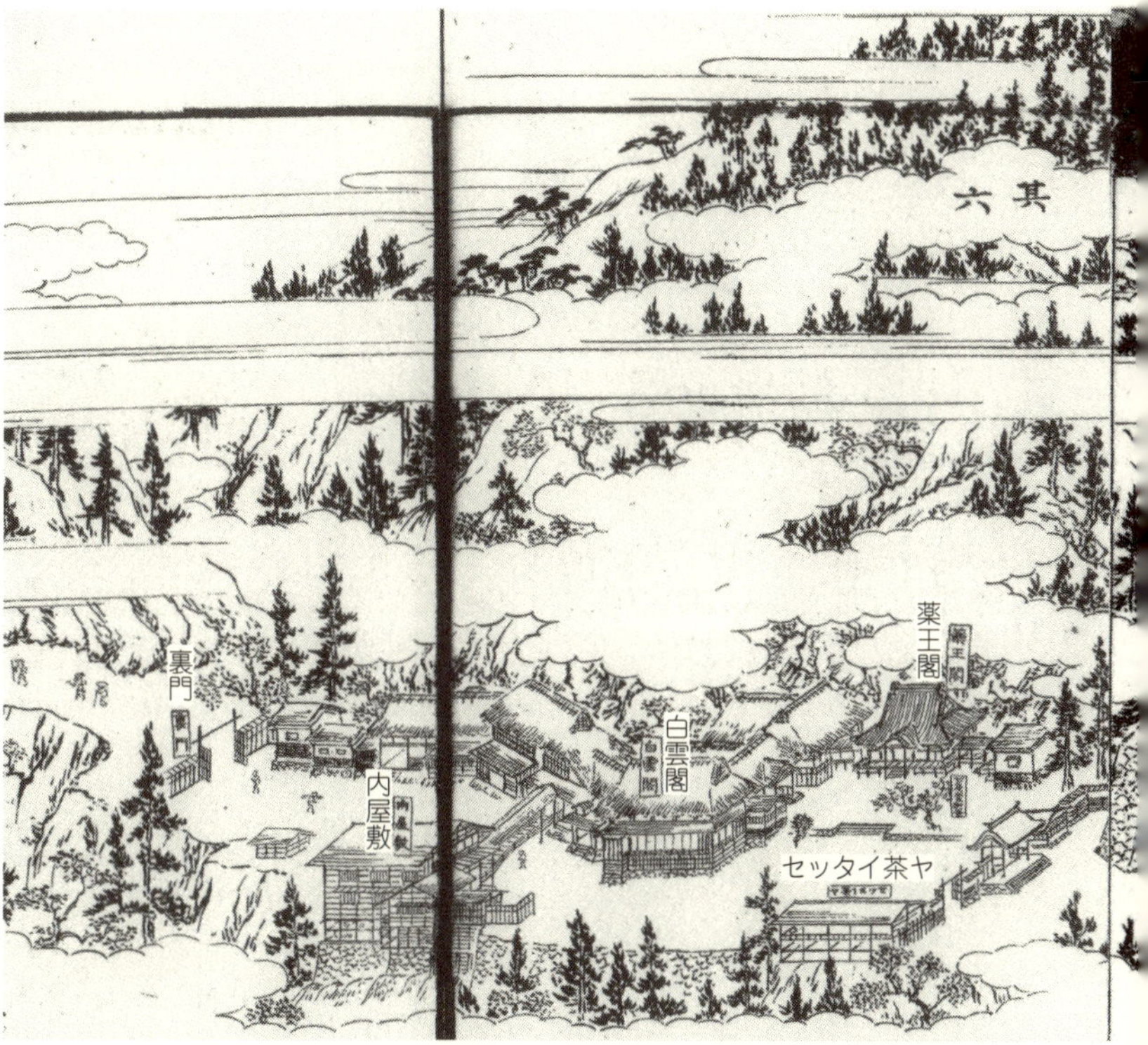

手に第二の鳥居があります。今と同じように石段が右に折れており、見づらいのですが、そこにトビイヅナ（飛飯縄）の小祠があります。

黒門をくぐると本坊の庭に出ます。名のある梅か松などが生えているようですが残念ながら字が読み取れません。

また、裏門が開かれていますが、当時この先は甲州や相州への道だったからでしょうか。参拝人だけでなく飛脚のような人物も見えます。

安政二（一八五五）年「武州高尾山略絵図」　提供：八王子市郷土資料館

これは薬王院でも出版物などに使用しており、よく知られた絵図です。冠木門が突然立派な楼門になって登場しますが、これほどの規模のものに添え書きがないのは不思議です。

北方に新たに開かれた滝行場として「蛇滝」が加えられた。

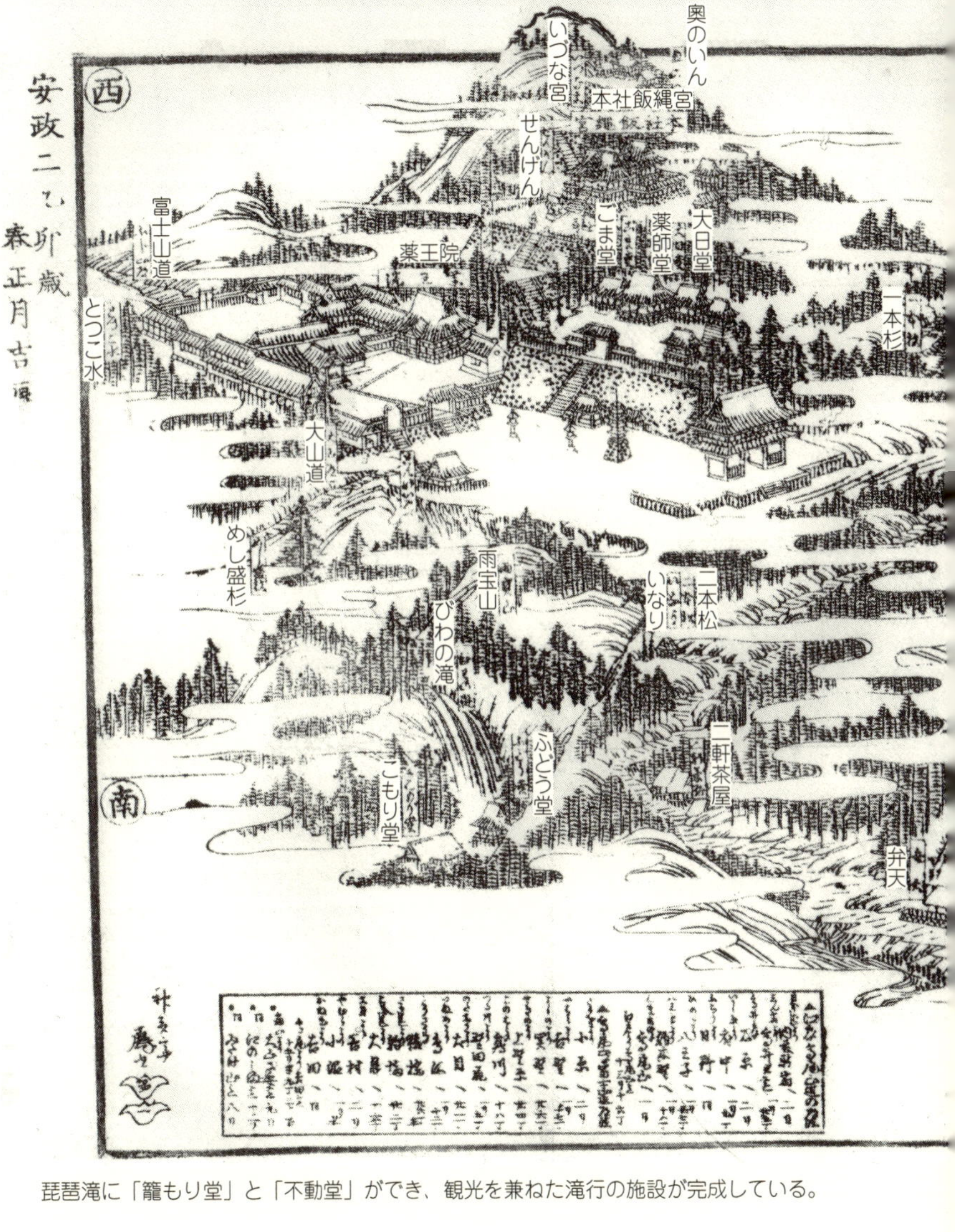

琵琶滝に「籠もり堂」と「不動堂」ができ、観光を兼ねた滝行の施設が完成している。

明治三十年代前期（～一九〇二）年「武州高尾山略縁記付き絵図」 提供：八王子市郷土資料館

縁起の巻物を天狗が広げています。この図は、まだ大日・薬師・護摩の三堂が土砂崩れの災害に遭う前のもので本堂が再建される明治三十四（一九〇一）年以前のものです。一の鳥居は撤去されてなく、今の高尾山山頂が見晴台として描かれています。

の関係は徐々に深まっていったようだ。

文政十年の天狗祠の登場（105頁）に続き、ここでも略縁起を天狗が拡げているから、高尾山と天狗

大正四（一九一五）年「高尾山写真帖付図・高尾山全図」
提供：八王子市郷土資料館

「三十六童子」「青龍堂」「有喜園」「穴弁天」などの観光的要素が整備された。

本堂の再建がなり、ほぼ今の状況に整いましたが、なぜか楼門は消えてしまいました。

図中の小さな数字は「四国八十八ヶ所山内巡り」の弘法大師像が配置された場所で他にも「千歳樫」「古滝」が、美しい姫が入水したかのようなロマンを感じさせる「布流滝」になっている。

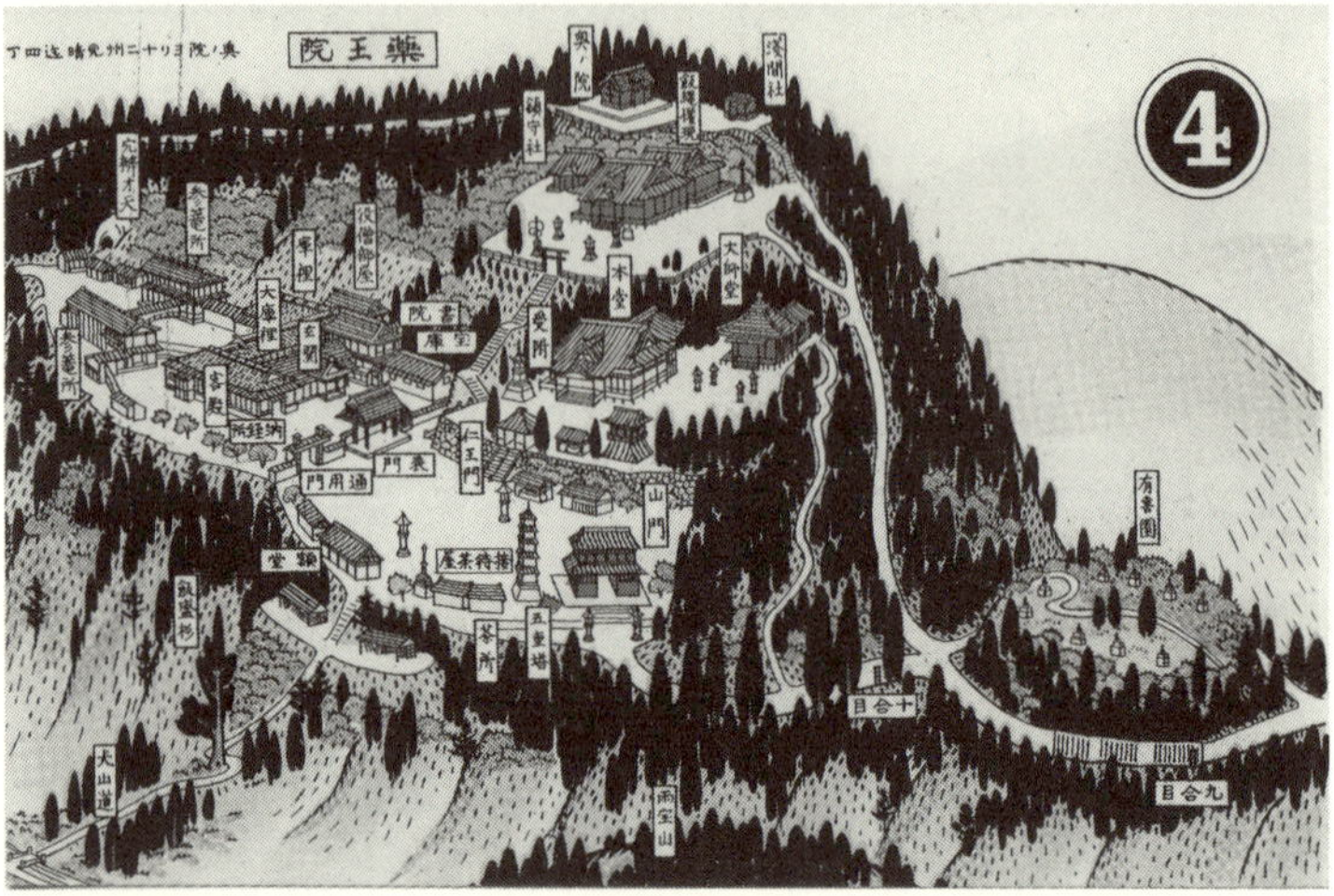

ケーブル開通（昭和２年）後の絵はがきの一枚。浅間社が奥ノ院の手前右にあることと、立派な朱塗りの楼門があることが注目される。提供：八王子市郷土資料館（上下共）

昭和５（1930）年「京王電車沿線名所図会（東京より多摩御陵）参拝近道」の部分。この図では楼門が消えているが、新たに「岩屋大師」が描き加えられた。浅間社は上図と同位置。京王線の駅名も今とは異なり終着駅が「御陵前」になっている。

第四章　不思議な神仏が集《つど》う信仰ランド

あるいは「神仏のデパート」ともいえるでしょう。
浅草寺と薬王院は人々のさまざまな願いを叶えるため
あらゆる神仏を勧請《かんじょう》（お招き）してきました。
そして時代と共に人々の願いも変化するに従って
神仏が交代し神仏それぞれのご利益も変わっていくのです。

恋愛成就の平内様と愛染明王《あいぜん》

久米平内堂の文付け《ふみつ》〈浅草〉

浅草寺の宝蔵門に向かってすぐ右にごく小さなお堂がありますが、ここには天和三（一六八三）年八十七歳で大往生を遂げた無類の豪傑が祀られています。久米は妻方の姓で本名は兵藤平内。武家の出です。私恨で人を殺めたことはありませんが、他人のために八十七名もの人を殺しました。

すでに十四、五の少年時代、主人を襲った猪を張り倒して生け捕りにしたという武勇伝が伝わっています。それで義侠心から困っている人を助けるまでは良いのですが、相手のほうは直ちに殺されてしまうのでたまったものではありません。そんな彼に惚れ込んだのが町奴の頭領で、侠客《きょうかく》（任侠《にんきょう》を重んじるかぶき者）の元祖といわれる幡随院《ばんずいん》長兵衛といいますから、この二人が揃えば天下無敵です。

しかしある日ふと感じるところあって自分が長年積み重ねてきた罪を償うために浅草寺金剛院に入り二王座禅を修し、その姿を治兵衛という石工に刻ませ、その像を人通りの多い仁王門近くに埋めて参拝の人々に踏みつけさせました。その「踏みつけ」がいつの間にか「文付け」に転訛して恋の仲立ちや悩みの相談、愚痴などを聞いてくださる神として信仰されるようになったのです。

具体的に当初はこの平内堂に平内の霊とか、誰か目的の人に読んでもらうための手紙を結び付けたりしていたのでしょうが、後には前の人の「結び文」を持ち帰ってその内容から吉凶を占うことも行なわれたそうです。文に書かれた数字をヒントにして富札《とみふだ》を買い、大当たりした人の話も残っています。それで今でも恋愛成就や良縁を望む女性が秘かに訪れるそうです。あまり知られていないスポットです。

ちなみに今はありませんが、浅草寺には必ず成就すると大流行した「因果地蔵」という縁結びのお地蔵さんもいたそうで（092頁）「何の因果かあの人に惚れてしまいました。この思いが叶いますように」と願うのだそうです。いなくなってしまい残念ですね。

忿怒《ふんぬ》顔のキューピット・愛染明王〈高尾〉

薬王院の赤く塗られた愛染堂には全身がやはり赤く染まった愛染明王が祀られています。その名から染め物関係者の信仰を受ける場合も多いそうですが、むしろ恋愛成就や縁結びの神さまとしても知られています。この仏尊は各地に祀られており、どこでも人気が高く浅草寺本堂にも祀られています。

忿怒の表情で牙を剝き出し、頭上に獅子頭を載せ、三眼、六臂《ろっぴ》（手が六本）あり、それぞれに仏具や武器、蓮華などを持っています。薬王院の像の場合は左上の手の平に黄金の珠《たま》を載せていますが、通常この手は空《から》になっており、願いを書いた紙を握らせます。

本来、愛染明王は「愛欲を貪《むさぼ》る衆生心を、明王の怒りによって清浄な悟りを求める心に転換させる」つまり「煩悩即菩提」という理念を私たちに示してくださる誠にありがたい仏尊なのです。

平安時代から貴族たちが王権の奪回のための呪詛《じゅそ》や恋愛成就なども祈っていたそうで、その霊験が期待されていたようです。薬王院の愛染明王には赤い紐を結んだ五円玉硬貨を供える。もちろんゴエン＝ご縁がありますようにという意味ですが、これがびっしり結び付けられているのを見ると「こんなに人が多いのに」と、何だか淋しいような複雑な気持ちにさせられます。

ちなみに薬王院では「倶利伽羅《くりから》不動尊」も恋愛成就の神として祀られています。こちらは後述します（140頁）。

恋愛成就、縁結びの神仏はどこへ行っても大人気。東京では待乳山近くの今戸神社や千代田区の東京大神宮などもあるが多分に営業色が前面に出すぎている。日本女性らしく秘かに慎ましく願を掛けるなら「久米の平内さま」がおすすめだ。

↑久米平内堂は宝蔵門近くにあるが気付く人は少ない。今は文付けする人もいないが一度試してみては？

↑江戸時代の平内堂の中には恐ろしい顔で二王座禅の修行をしている平内さまの石像があった。

↑愛染堂は大本堂に向かって右側にある。子や孫の良縁を願って参拝する年配者も見かける。
→愛染明王の真言を30万回唱えるとあらゆる相手から敬われ愛されるというが、その努力を自己研鑽に使えば良縁にも恵まれるはず。

浅草寺のお狸さまと薬王院のお狐さま

日本列島は時として大天災に襲われますが、これを神の怒りと捉える人はもうほとんどいなくなりました。その神の使いとされた狐も狸もつい最近まで人を騙すと考えられていたのです。幽霊でさえ狐狸につけ込まれるから見るのだといわれるほどでした。今はUFOや霊の存在を信じる人はいても狐狸の超能力を信じる人は稀です。科学万能の時代に入り、人々の心は自然＝八百万の神々に対する畏《おそ》れをすっかり忘れてしまったようです。

基本的に狐狸が人を騙す時は都市開発で自分達の住処を追われたときのようです。または良からぬ修験者や巫女が係わる場合もあります。もともと憑きとはギャンブルなどでのツキと同じ現象で神が人に憑くことです。「ツイてない」「ツキが落ちた」も同根の言葉です。つまり狐や狸も（少々低級ではありますが）神さまだったわけです。

浅草にはその「お狸さま」の話がいくつか残されています。まず上野の山に寛永寺を建てる時に山から追い出された狐や狸たちが浅草に逃げました。この頃までは上野で狸囃子《たぬきばやし》がよく聞かれたそうです。また幕末の戊辰《ぼしん》戦争で上野山が戦場になった時に、やはり狸たちが浅草に避難しました。つまり浅草は上野山の狸たちの避難場所なのです。

一方の薬王院にはお狐さまが祀られています。というより狐の精・荼枳尼天《だきにてん》が福徳稲荷社の祭神なのです。前にも書きましたように荼枳尼天は白狐に乗って天空を駆け巡る女神ですから、こちらは信仰的な由来からきた狐です。

ちなみに寺院に祀られているお稲荷さんの祭神はこのように荼枳尼天の場合が多いのに対し、神社の場合は狐を連れた翁の「稲荷神」の場合が多い。町内や個人宅に祀られている場合は稲荷神の眷属である「お狐さま」そのものが祀られている例も多いようです。

伝法院・鎮護堂〈浅草〉

明治はじめのことです。伝法院裏に住んでいた浅草寺の用人・大橋亘《わたる》（026頁にも登場）という人の家の縁の下に狸たちが棲み付きました。さっそく天井から石を落としたり、来客の下駄を台所の鍋にいれたり座敷に砂や木の葉を撒くなどの悪戯を始めます。そこで冗談に「銭でも撒いてくれればいいのに」というと本当に小銭が降ってきたといいます。その頃、大橋家の娘が病んで「あれは観音様のお賽銭だから粗末にしてはいけませんよ」と口走ったりしたそうです。彼女は「わらわは浅草のお狸さんだよ」などと言い出して屋台の蕎麦を二十杯も食べたので、これは狸憑きに違いないということで話題になり、明治五

（一八七二）年四月十日付けの『東京日々新聞』に掲載されたそうです。

そんなある夜、浅草寺の唯我僧正と寛永寺の多田僧正の夢枕に同時に狸が立ち「我に住処を与えれば火伏せの神となろう」と宣《のたま》ったので両僧正は相談してこの狸神に「鎮護大使者《ちんごだいしゃ》」の名を与え、大橋家の前に祠を建てて祀りました。すると忽《たちま》ち娘に憑いた狸は落ち、悪戯もおさまったそうです。これが今の伝法院にある「鎮護堂」です。拝所へは伝法院通りから入ります。

前に書きましたように浅草周辺には遊廓があり、私娼も多く「ちんご＝ちんこ」の名から遊女たちの参拝が多かったといいます。また幇間《ほうかん》（たいこもち）のことを狸とよんだことから境内には幇間塚も奉納されています。ちなみに鎮護堂の祭神は薬王院の福徳稲荷と同じ荼枳尼天《だきにてん》（後述）です。

浅草たぬき通り商店会

通称「たぬき通り」は新仲見世通りの一本南にあります。わずか数十メートルの長さしかないのですが、左右のあちらこちらにフィギアのように小さな「願かけたぬき」が並んでいます。招福たぬき、夫婦たぬき、不動たぬき、愛情たぬき、地蔵たぬき、大師たぬき、小町たぬき、開運たぬき、天神たぬき、大黒たぬき、人情たぬきなど、仙人たぬき修行に精進を積み、人々の願い事が叶えられるようになった十二匹の浅草たぬきが祀られていま す（「願かけたぬき」由来より）。

もちろん商店街の話題作りで置かれたものですから賽銭箱などはありませんが、これらのお狸さまたちを撫でながら願かけすると何か徳をしたような気分になります。

薬王院・福徳稲荷〈高尾〉

飯縄権現堂に向かって左側のスペースに天狗社に並び鎮座しているのが福徳稲荷です。薬王院の中では鳥居の並ぶ神社ゾーンを形成しています。いくつかの古絵図には単に「イナリ」または「鎮守社」と標記されていますから古くから地主神《ぢぬしのかみ》（寺社が建てられる前からその土地にもともといらっしゃった神で地鎮祭の対象となる）が祀られていた一画だったのでしょう。

平成に入って飯縄権現堂と共に修復されていますが、小社ながら極彩色で装飾されており、見れば見るほど味わい深い社です。祭神は前述の茶枳尼天で、薬王院では他の稲荷神社同様に商売繁盛の神さまとして初午《はつうま》の日にお祭りが行なわれます。

ところで茶枳尼天はもともと死体置き場などを徘徊するインドの夜叉で人の心臓を食べ、その血をすする恐ろしい女神でした。彼女が特殊な能力を得るには死ぬ直前の人間の心臓が必要なため、人の死を予知する能力を持つといわれました。ここから「先を見通す能力」を得る方法を「荼枳尼天法」として、平安時代には権力を目指す多くの公家や貴族が秘かに修得しようとします。すると、過去、現在、未来の知りたいことを目に見えない狐が耳元で囁いてくれるというのです。その修得に成功したのが平清盛《たいらのきよもり》といわれています。

やがて荼枳尼天法は飯綱・戸隠山修験道における天狗信仰、天狗の法や愛宕《あたご》の法（やはり天狗を祀って呪詛を行なう）などと習合して飯縄法《いづなのほう》、飯縄信仰に発展し、戦国時代には武家の信仰を得てゆくのです。もちろん飯縄権現の狐も荼枳尼天の狐と同じ狐です。

もともとの荼枳尼天＝ダーキーニはインドでは、やはり死体置き場を徘徊するジャッカルを眷属《けんぞく》（お使い）としていたとも、ジャッカルの精から生まれたともいわれます。この天が中国に伝わった時、そこにはジャッカルがいないため狐に入れ替わり、そのまま日本に渡って来たようです。日本では同じように狐を眷属としている稲荷信仰と習合します。さらに女神であることから弁財天などとも習合して美しい女神に変身し、主に密教や修験道を通して信仰が広まりました。薬王院においては以上の経過から荼枳尼天こそ飯縄信仰の根源だと筆者は考えているのです。

このように荼枳尼天だけでなく天狗も祀っているこの一画を、筆者は高尾山のパワースポットのひとつに数えています（179頁参照）。

日本人は長い間、人智の及ばない動物の能力や行動、強大な力を持つ自然現象などに霊力すなわち神を感じて祈ってきた。特に狐や狸などは予知能力を持つばかりか人を化かしたり人に憑いて神の言葉を託宣すると信じられていた。

↑鎮護堂の拝殿。
本殿は伝法院の庭にあり通常は伝法院に入れず直接参拝できないため拝殿は庭の外にある。

←たぬき通り商店会には左のような小さな狸が散在して 12 匹、慎ましく祀られている。

↓薬王院の福徳稲荷。初午《はつうま》の日には美しく飾り付けられ八王子芸者衆なども参拝に訪れ、一層華やかになる。

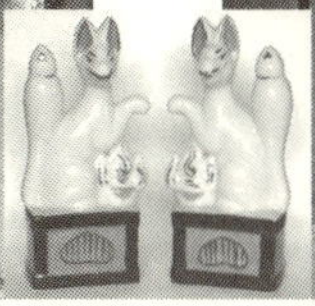

聖天《しょうてん》さんのシンボル談義

浅草の待乳山《まつちやま》聖天（本龍院）と薬王院の聖天堂は歴史も規模も知名度も比べものになりませんが祭神は一緒です。聖天さんは歓喜天《かんぎてん》ともよばれますが、正式には大聖歓喜自在天といいます。

本龍院は浅草寺の支院で、浅草寺から北東に五、六百メートルほど離れた隅田川沿いの待乳山にあり、北斎や広重ら多くの絵師たちの画題となっています。すぐ北には山谷堀が流れており、その先は新吉原。目の前の隅田川には「竹屋の渡し」がありました。

待乳山の高さは現在はわずか九～十メートルほどしかありませんが、江戸時代から昭和にかけて削られ続けましたから、以前はもっと高かったはずで、天然の山とも古墳とも千葉氏の城趾だったともいわれています。周囲に何もなかった頃は東に筑波山、西に富士山を望めるほどでした。

浅草寺縁起によれば、例の観音さまが出現する前、一夜にして小山（今の待乳山）が出現し、そこに金龍が舞い降りたそうで、ここから浅草寺の山号「金龍山」が付けられました。

薬王院の聖天堂は平成九（一九九七）年九月の建立です。本尊の歓喜天は秘仏ですが毎年九月の第二土・日曜日に開扉法要が執り行なわれ、前立ての十一面観音を拝むことができます。

歓喜天はアジアではガネーシャとよばれ、商売繁盛のご利益で庶民に大変人気がありますが、夫婦和合の神としても知られます。一般にガネーシャは像頭人身の幼児姿として見かけますが、密教における歓喜天は双身男女交合の立像です。相手の足を踏んでいるほうが十一面観音の化身です。しかし客観的に見れば歓喜の表情を浮かべた男女（雌雄）の象が立ったままひっしと抱き合っているのですから不気味でエロチックです。

○○天とつく仏尊たちの中には、仏教に帰依する前は大黒天や荼枳尼天など、夜叉も多くいました。歓喜天もチベットにおいては「ビナヤカ」「ガナバチ」とよばれ、それは「種々の障害を排除する力を持つ魔性のもの」という意味です。その本性は多くの鬼兵を統率し衆生を堕落させようと隙を覗う凶暴・凶悪で好色な人肉食の魔王でした。

そこで彼の欲心を逆手に取った観音菩薩が女人に化身し、色気で魔王を仏法の守護神になると約束させます。そしてその女体を抱いた歓喜の姿から魔王は歓喜天とよばれるようになったのです。

待乳山に行きますと境内の各所に交差した二股大根と巾着の印が目に入ります。お供えの普通の大根もあります。大根をお供えすると人間の煩悩のひとつである怒りの心が鎮められ、巾着は財宝を表して商売繁盛に通じると説明されています。薬王院の聖天堂にも通常は二股大根を描いた巾着型の鍵が掛かっています。じつはこの二種のシンボルは好色で子だくさんとして名高い大黒天にも使われます。

もうおわかりだと思いますが、特に二股大根は女体そのものなのです。向かい合って交差している二股大根は男女の交合を表しています。怒りを鎮めるというより欲望を鎮めるというべきでしょう。つまり聖天さんは「エロ神さま」なのです。この考え方でいきますと巾着も女体（子宮）を表しています。歓喜天の好物とされる「モーダカ」という揚げ菓子も巾着型で中には滋養強壮の木の実や根、牛乳、小麦粉などが入っています。

その割に歓喜天は非常に気むずかしく、供養の方法や手順を間違えるとひどく祟る神といわれ、修行の浅い僧などからは大変恐れられています。このようにまだまだ好色で極悪、恐ろしい一面を残す神ですが、だからこそご利益も大きく絶大なのです。

蛇足ですが、これらの性的欲望や営みを表すさまざまなかたちを明治以降の禁欲的・道徳的観点で包み隠し、きれいごとで済ましてしまう方便は、仏教にしろ神道にしろ、どうも本来の信仰の本意ではないような気がします。

聖天《しょうてん》さん＝歓喜天《かんぎてん》は商売繁盛の神さまとして関西で人気がありますが、江戸では待乳山の聖天が有名です。象の頭を持ち、インドでは「ガネーシャ（Ganesha）」とよばれ親しまれています。しかし日本の密教では男女神が抱き合った像容で多くは秘仏です。

↑新吉原神楽講中が文政 3（1821）年に奉納した碑。

→待乳山聖天の正面の提灯。

↑密教における双身歓喜天。

↑待乳山聖天の線香立て。

←薬王院の和合歓喜天と鍵↑

金銅露天仏と観光地の関係

「濡れ仏」とよばれる二尊仏〈浅草〉

寺院における銅製などの露天仏は、観光地としてのランドマーク的な役割を果たしており、どんなに崇高でも巨大でも親しみやすさを感じます。

自分達と同じ大地を踏みながら雨の日にはずぶ濡れになってしまうし、嵐にも耐えている姿に親近感が湧くからでしょう。露天仏には路傍の石仏ほど庶民的ではないとしても、一緒に記念写真を撮れる親しみやすさと開放感があります。特にお賽銭を上げなければという義務感も感じません。ひょっとしたら毎日く堂内で念仏を聞かされる仏さまも衆生と親しく触れ合える露天仏を羨ましく思っているかもしれません。

浅草寺で有名なのは宝蔵門に向かってすぐ右、平和地蔵尊のすぐ後ろに鎮座する「濡れ仏《ぼとけ》」とよばれる二尊仏でしょう。向かって右が観音菩薩、左が勢至菩薩です。

願主が、かつて奉公した主人と息子のために建立したということで、六地蔵のように不特定多数の衆生のためというわけではないようですが、江戸時代初期の優れた鋳造仏であることは間違いなく、基壇を含めれば高さ六メートル以上の立派なものです。戦災の猛火にも耐えましたが最近は酸性雨による腐食が懸念されているようです。もちろんこれはこの二尊に限ったことではありませんが。

浅草寺には他にも影向堂の前に阿弥陀如来像と観音菩薩像、伝法院に観音菩薩像などがあります。また比較的最近、鎮護堂に水子地蔵像が建立されましたが、堂守《どうもり》さんの話ではこの像ができてから女性の参拝者がずいぶん増えたそうです。露天仏は庶民の悩みを聞いてくれる身近な存在なのです。

大《おお》天狗と小《こ》天狗〈高尾〉

薬王院の場合には四天王門をくぐってすぐ右に立派な大天狗（鼻高《はなたか》天狗）と小天狗（烏《からす》天狗）像があります。像の前には大きな団扇《うちわ》が置いてあり、参拝者がそれを手にして記念写真を撮っています。しかしこの像が建立されたのは数年前で、宗教的必然というより高尾山人気がこの天狗さんをお招きしたといえます。

ちなみに大小とありますが大きさや地位のことではなく、本尊の脇侍として二体ペアの方が恰好が付くからという理由だと考えます。ただ烏天狗のほうが古いスタイルです。天狗はもともと歳を経て特殊な能力を得た猛禽類の変化《へんげ》ですし、増長慢に陥った僧や権力者の執念・怨念のなれの果てでもありました。しかしこれが山岳修行者によって聖域を護る神として祀られるようになったのです。したがって高尾山の天狗は本堂、権現堂の前にもペアで立ち、親分天狗である飯縄大権現を守護しているのです。

このようなことを書くと大変失礼なのですが、あたかも薬王院が昔から関東屈指の修験道場だったようなことをよく見聞きしますが、これは大いなる誤解で薬王院と修験の関係は戦後、薬王院を大改修して今のイメージを定着させた前代の三十一世秀順貫首からです。山内や土産物店でよく見かける天狗像や天狗面はそれからのもので「鞍馬天狗」の恩恵も大です。ただし山の守護神としての天狗社は江戸時代の古地図にも描き込まれています。

一般にあまり知られていませんが権現茶屋の上、仏舎利塔のある有喜苑広場には柴燈護《さいとうご》摩壇《まだん》（屋外で護摩を焚く施設）があり、壇の正面に飯縄権現像と左右に大小天狗像が立っています。神鏡なども供えてあり神仏混淆の雰囲気を漂わせる不思議な空間ですが、いつも人はまばらです。山中がいくら混雑していても、ここは比較的静かですので穴場としてお薦めの場所でもあります。

この一画は紅葉の美しいことでも一部の人に人気があります。また甲州街道沿いにある交通安全自動車祈禱殿前の火祭りが行なわれる広場にも飯縄権現像と左右に役行者（神変大菩薩）、俊源大徳の像があります。お堂の中には黄金の天狗像も立っています（059頁参照）。

堂内に祀られる神仏像に比べて庶民の近くに立つのが路傍の石仏とすると、寺院の境内に祀られるブロンズ製などの露天仏はその中間的な存在ではあるが、どちらかというと庶民寄りだ。浅草の「濡れ仏」は庶民の愛情と同情を含んだ呼び名だ。

↑浅草寺の二尊仏。手前が勢至菩薩、奥が観音菩薩。
↓薬王院の大天狗（手前：鼻高天狗）と小天狗（奥：烏天狗）。

高尾山にもあった五重塔と仏舎利《ぶっしゃり》

浅草寺といえば五重塔を連想する方もおられるでしょう。今は仲見世から入って宝蔵門（旧仁王門）を抜けると左側に建っていますが、かつては右側に建っていました。浅草寺の五重塔は天慶五（九四二）年、本堂と共に武蔵守・平公雅《たいらのきんまさ》が建立（再建）したと伝えられ、その後何度か浅草寺は倒壊、炎上していますが、三代将軍家光が本堂、仁王門などと共に建立して、後に国宝に指定されました。

しかし昭和二十（一九四五）年、大戦の戦火で焼失してしまいます。再建が着工されたのは昭和四十五（一九七〇）年でその三年後に完成。この時から今の位置に立つようになったのです。塔の最上層には仏舎利《ぶっしゃり》（お釈迦さまの遺骨の一部）が安置され、中空に吊り下げられています。この五重塔とスカイツリーのコラボレーションは浅草の新名物といえるでしょう。

じつは仏舎利は高尾山内にもあります。あまり知られていないようですが薬王院境内の有喜苑に昭和三十一（一九五六）年に建立されたパゴタ風の仏舎利塔に安置されています。

これは昭和五（一九三〇）年にタイ国（当時はシャム王国）から贈られた仏舎利です。当時シャムを訪問した二十一人の日本少年団（今のボーイスカウト）がナコンパトム県の王室寺院に招かれた時、そこでの少年達の敬虔な態度に感動されたシャム国王が、その寺院に納めてある仏舎利の一部を分けてくださったものです。

その仏舎利は長い間、墨田区の震災記念塔に仮安置されていたのですが、関係者の尽力で高尾山内に移されました。ですからもとは礼儀正しい日本少年たちの功績です。

ところで仏舎利は釈迦入滅後から二百年後にアショーカ王が八万に分割したといわれています。空海も大量の仏舎利を日本に持ち帰ったそうです。さらにそれが分割されたとしても現実には、仏舎利の前で供養された遺骨に似た宝石や貴石等を代替品とする場合がほとんどだといわれています。

九輪《くりん》の先が曲がった原因は？〈浅草〉

安政二（一八五五）年に江戸を襲った安政江戸地震はM7クラスの直下地震で震度5強～6弱程度あったそうですが、この時、浅草寺五重塔の先（九輪）が西へグニャリと傾いたのが話題になり、この原因を巡って瓦版《かわらばん》が争うように珍説を発表しました。すなわち「新吉原近くの日本堤《にほんつつみ》が裂け、そこから一筋の白気が発してそれが斜めに飛び、五重塔の九輪を打ち曲げて八方に散った」「地震の前、空中に異形の者が現れて南方に飛行した、地震の前には大塔に異変があるものだ」「九輪の表張りは銅板だが芯の木が百数十年を経過して腐食していたため、前代未聞の大揺れで折れたのだ」などの説が書き立てられました。

いずれにせよ本堂は無傷でしたので、寺としてはこの現象を逆手にとって観音さまのご利益を大いに自慢したということです。

薬王院にあった幻の五重塔〈高尾〉

元亀元（一五七〇）年当時、八王子を支配していた北条氏康が薬王院に宝篋印塔《ほうきょういんとう》（仏塔の一種）を寄進しています。いわゆる宝篋印塔型か五重塔型だったのかは判然としていませんが、といっても唐銅製（金属製）だったことは確かなようです。

これは享保二（一七一七）年の暴風で倒壊したそうですが、その約八十年後の寛政八（一七九六）年、江戸赤坂の足袋屋《たびや》清八が再建を名乗り出ました。

ちなみにそれとは別に唐銅製の宝篋印塔《ほうきょういんとう》は薬王院本堂に向かって左の石段の脇にあります。また待乳山聖天の境内にもあります。

ところでこの清八という人物は足袋屋を名乗っていますが人並み外れた俊足で、その才を買われてか紀州藩より禄を受けていたようですが、江戸に来てからは熱心な飯縄信仰者となり、かつては大坂で鍛冶屋を営んでいたようですが、江戸に来てからは熱心な飯縄信仰者となり、高尾山の行者、高尾講の先達として、または天狗の呪術を使う民間宗教者などの顔を持っており、多くの道標なども奉納しています。薬王院にとっては非常に重要な、信者以上の人物で、他の書物にも度々登場するほどの有名人でした。

当時は新たな仏像、鐘、鳥居、灯籠などの建立が禁じられた時代だったので、修理再建という名目で着工し、塔の中には何体かの仏像も安置しました。しかし完成までには様々な嫌疑を受け最終的には咎《とが》めも受けたようです。この塔は総門の正面や左隣、広庭の中央など、場所は多少異なりますがいくつかの古絵図にも描き込まれています（100～114頁）。台座の石だけでも五百人の人足で運んだといいますから、大変な苦労の末完成した五重塔でした。しかし先の大戦中に供出《きょうしゅつ》（政府が武器を造るため半強制的に差し出させること）されて今はありません。

ところが、じつはその台座だけが今も四天王門の左手前に残っており、上部には石製の蛸胴突（土を突き固める道具）が一本、高く聳えています。ただ、残された写真に比べると台座は少々低く、組み直したように見えます。

五重塔は本来、仏塔や仏舎利塔と同じもので、中には釈迦の遺骨が納められている。釈迦の遺骨は没後 200 年を経て 8 万に分割されたというが、日本には空海が大量に持ち込んだといわれる。しかし遺骨に似た宝石や貴石で代用されている場合も多い。

安政江戸地震で九輪の曲がった五重塔。

浅草寺五重塔。

薬王院の蛸胴突碑。

薬王院にあった五重塔。
提供：八王子市郷土資料館。

薬王院の仏舎利塔。手前は飯縄大権現像。

浅草寺の金龍と薬王院の青龍

浅草寺の山号、金龍山については前にも述べました。つまり隅田川沖から金の観音像が出現する前、一夜にして待乳山が盛り上がり、そこに金の龍が舞い降りて一千株の松林が生じたというものです。ちなみに江ノ島の場合は一夜にして島が生まれ、そこに舞い降りたのは弁財天ですが、この女神に一目惚れしたのが、やはり龍ですから、どことなく共通点の多い縁起です。いずれにせよ高貴なものが舞い降りてくるということは、この上もない吉兆なのです。

ところが待乳山で金龍の足跡を探してもそれらしきものは見当たりません。しかし浅草寺影向堂の前に金龍権現として祀られています。堂は小ぶりですが二層の凝った造りです。隣には水の神・九頭龍《くずりゅう》権現も鎮座しています。

そして昭和三十三（一九五八）年に「金龍の舞」が創作され、示現会《え》や菊供養会《え》などに奉演されています。この龍は長さ十八メートルあり八人で操作する勇壮なものです。

ほかにも境内には観音堂の手前右手の手水場《ちょうずば》に娑伽羅《しゃから》龍王が立っています。原型は高村光雲仏師。八大龍王の一体として有名な竜宮城の主です。手水そのものも外国の観光客には珍しいらしく大変な人気で、いつも大勢の観光客に囲まれています。

その娑伽羅龍王像が薬王院にもあります。大きさは小ぶりですが原型は同じものだと思われます。かなりのイケメンです。

四天王門の先、広庭の右側に四本の柱に支えられた八大龍王堂があり、そこに立つ像は金ピカです。堂は平成五（一九九三）年建立ですから浅草寺の像よりずいぶん新しいと思われます。銭洗いのご利益を謳っていて周囲にザルが並んでいます。龍王の下から流れ出る水で硬貨を洗うと何倍にも増えるのです。無条件にありがたいですね。

あまり目立ちませんが八大龍王堂の背後にも八大龍王講が立てた碑などもあり「福寿・円満」のご利益を厳《いか》つい顔をした龍王が掲げている碑なども愛嬌があってなかなかの傑作です。ぜひ一歩踏み込んでご覧になってください。

その隣の倶利伽羅堂には二頭の龍が怪しげに剣に巻きついている像があります。これも金ピカですが、中央の剣は不動明王（倶利伽羅不動尊）を現しています。じつは二頭の龍は交尾をしているのです。ですからご利益は当然「縁結び」「結縁《けちえん》」というわけです。平成九（一九九七）年建立のお堂の周囲には「除災招福」を招く「開運の鈴」がまさに鈴生りです。
ところで仏話と神話を合わせた理屈では龍王（大綿津見神《おおわたつみのかみ》）の娘である乙姫（豊玉姫）と山幸彦（彦火火出見命《ひこほほでみのみこと》）の間にできた子から三代目が皇室の祖・神武天皇（神倭伊波礼《かみやまといわれ》毘古命《ひこのみこと》）ですから、今の皇室は娑伽羅龍王の血を引いているということになります。つまり皇室は山の神と海の神の血を引いているという理屈です。

さらに娑伽羅龍王には乙姫の他にも兄弟がいるようなのです。法華経や悪人成仏・女人成仏を説く教典・提婆達多品《だいばだったほん》に登場し、八歳で悟りを得たという龍女はこの龍王の第三王女で「善女《ぜんにょ》（如）龍王」とよばれました。空海は唐留学の帰途、彼を慕って船を守護しながら飛来してきたこの龍女を「清瀧《せいりゅう》（青龍）権現」と名付けています。

雨乞いの神としても有名な青龍権現は高尾山山麓の蛇滝《じゃたき》青龍堂に祀られています。ここも薬王院の滝修行場のひとつで江戸時代に参拝と娯楽を兼ねて民間人によって開かれました。江戸時代は参拝も庶民の娯楽だったのです。ただし今は行場の見学はできません。

蛇滝周辺は今も昔ながらの雰囲気を残していますが一般のコースからは少々外れます。とはいえ、旧甲州街道（今の裏高尾）側から入るこちらのルートもお薦めです。蛇滝へは高尾駅から小仏行きのバスで「蛇滝口」で下車すると便利です。

日本における龍（古代では大蛇）は空も飛ぶが基本的には海、湖、川の王者である。したがって雨乞いの神と見なされた。浅草寺では本尊の観音菩薩が現れる前に吉兆として出現し、薬王院では弁財天と同じように水の神として祀られている。

↑右は浅草寺、左は薬王院の娑伽羅龍王。細部は微妙に違うが原型は明らかに同じものだ。

←倶利伽羅不動尊。不動明王を現す降魔の剣に二体の龍が絡みついて交尾をしている。もちろん恋愛成就のご利益あり。像容からはさらに子授けも期待できそうだ。

↓右は薬王院の蛇滝青龍権現。堂の裏が滝行場になっている。左は善女龍王で空海が青龍（清瀧）権現と名付けた。

＊「善女龍王図」画：長谷川信春（等伯）／石川県七尾美術館

参拝前に拝む馬頭観音と蛸杉、戒殺碑と殺生禁断碑

なぜ聖観音から馬頭観音へ？〈浅草〉

駒形堂《こまかた》はかつて浅草寺総門のあった場所、雷門から二百メートルほど南にあります。ここは海中から出現した観音像を十人の草刈り童が莢《あかざ》の草堂を作って初めて祀った場所ということで「ご本尊示現ゆかりの霊地」とされています。かつては海でした。ちなみにアカザとは畑や荒れ地でよく見かけるいわゆる雑草。インドまたは中国から入ってきて当初は若葉を食用として栽培され、茎は軽くて丈夫なため「アカザの杖」として利用されました。一メートル以上に成長するため一寸八分（五・五センチ）の観音像を祀るには充分でした。

堂ははじめ隅田川のほうを向いていたといいますが、画などを見ると南側に向いた時期もあるようです。数度の火災や震災に遭い、今は江戸通りに面し、川に背を向けて建っています。しかも赤く塗られていますが、漆喰白壁の時代もありました。

ここには船着き場もあり、浅草寺参道の入口で日光・奥州街道、馬道通りへの入口でもあります。ですから旅の安全を祈るためここに馬頭観音（地蔵菩薩も併祀）を祀ったとい

うことなのでしょう。しかしはじめからここの本尊が馬頭観音だったのでしょうか。

一説には堂そのものが隅田川を泳ぐ魚類の供養のためともいわれ、ここに魚類の殺生を禁じた「戒殺碑」が建っています（149頁）。しかし碑が建てられたのが「生類憐れみの令」を発した将軍綱吉の元禄時代としても、魚類のためにお堂を建てるとは納得いきません。

また、本尊が聖観音や魚籃観音、十社権現でもなく、なぜか馬頭観音が宿場町から外れたこの場所に祀られていることにも釈然としません。旅の安全祈願なら浅草橋か千住宿に建立するのが相応しいはずと考えてしまうのです。

あるいはかつて浅草周辺は檜前浜成《ひのくまのはまなり》、竹成《たけなり》一族の牧場だったという説もありますので、ここは馬捨て場（死んだ牛馬を捨てる場所。各地域、村ごとによって定められた場所があり、賤民が革などを取得するため解体を行なう場所）だったということも考えられないことはありません。馬道通りはここが出発地点です。

または駒形の洲があったことから付いた地名だったとか、堂の名が先にあってそれにふさわしい仏尊を祀ったのか、などあれこれ思いを巡らせるとつくづく不思議なお堂です。

ここに立ちますと筆者はつい、一時期この堂と隅田川の間の狭い土地に住んでいたという「白蝋のような色沢《いろつや》をして、眼切れのながい、凄いほどの美人であった」と矢田挿雲が『江戸から東京へ』で書いた夜嵐おきぬ（原田絹）という女性を思い浮かべてしまいます。

「駒形堂」の名は ①かつて絵馬堂つまり駒掛け堂だったのが転訛して駒形堂に ②船から眺めると漆喰の堂が疾走する白馬のように見えたので駒駆け堂とよばれた ③箱根の駒形神を勧請した ④当初から馬頭観音を祀るために建立されたから、などの説がある。

↑駒形堂で記念撮影する新郎新婦。↑前立ての馬頭観音。
←一時期、駒形堂の裏に住んだ毒婦・夜嵐おきぬ。
↓『江戸名所図会・巻之六・駒形堂』。戒殺碑の文字が。

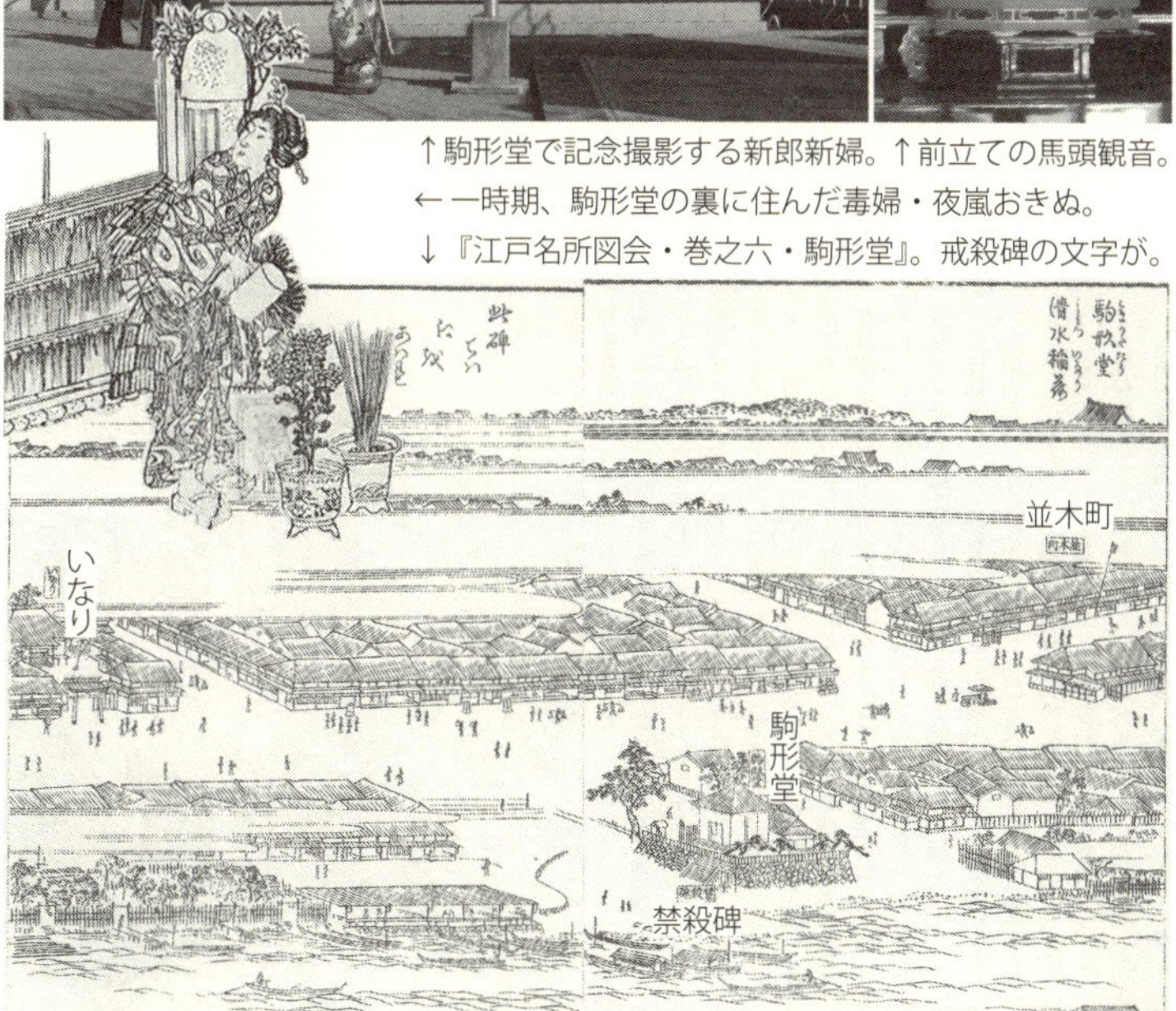

蛸杉（一本杉）の二度詣りと蛸の縁起物〈高尾〉

浅草寺の馬頭観音に対して高尾山には参道の中程に一本杉がありました。今は蛸杉として人気があります。参拝者は薬王院への往き帰りに、この杉に願いを掛けていたそうです。霊験あらたかということで、「一本杉の二度詣り」といって登りと下りの二回お詣りするとさらによいそうです。このように特に変わった形の大木には神が降臨しやすいと思われていたため神木として敬《うやま》われたのでしょう（183頁参照）。

この杉には伝説があります。例の俊源大徳が高尾山にやってくると聞いた天狗たちが道普請をしましたが、この杉の根がどうしても邪魔だったため「明日、伐ってしまおう」と相談したところ、翌日「それはたまらん」と杉が自ら根を巻いて蛸のような形状になったという話です。樹齢（五百歳前後）を考えますと、俊源が来山した時の永和年間（一三七五～七八）には、たとえこの杉が生えていたとしてもまだ幼木だったはずです。

しかしこのようなたわいない話から信仰は発生します。実際に某水産会社が年一度「蛸供養」を執り行なっています。供養碑は鯨、フグ、鯉、筆、包丁、反古《ほご》紙に至るまで全国にありますが、これも万物に霊が宿ると考える日本人の心情、敬虔さの表れです。

ただ数年前から、杉が高齢になってきたため観光客が直接撫でたり瘤に乗ったりできないよう金網が張られました。

そこでこの水産会社が杉の横に「ひっぱり蛸」という蛸型の石碑を奉納したところ、これが子供たちに大人気となり、皆に頭を撫で回されています。はじめは冷ややかな目で見ていた大人たちも、今ではすっかり「ひっぱり蛸」の横で記念写真に収まっています。

一方、薬王院には先にも述べました四天王横に「蛸胴突《どうつき》碑（木遣《きやり》塚）」が立っていますが、他にもう一基、権現堂の下にも立っています。さらに広庭には合格祈願の「置くとパス（いうまでもなくoctopusの語呂合わせ）」や「鉄蛸」など、蛸に関連する縁起物が置かれ始めました。これも「蛸杉」や「ひっぱり蛸」とのご縁でしょうか、民間・大衆信仰の観点からは興味深い傾向です。天狗に並ぶキャラクターとなるのでしょうか。見守りたく思います。

話を戻しましょう。蛸杉の先には浄心門という両部鳥居（柱の前後にも控えの柱があり、都合六本の柱がある鳥居。神仏習合の寺社に多い。151頁）があり、そのすぐ先に神変《しんぺん》堂（修験の祖といわれる役行者《えんのぎょうじゃ》＝神変大菩薩を祀る）があります。いかにも修験の山であることを示していますが、共に昭和の時代に建てられたものです。

現在では一本杉（蛸杉）に代わり、さしずめこの神変堂が浅草寺の駒形堂に当たるものと考えていいでしょう。役行者は薬王院では足腰を擁護してくれる神ですから、筆者も山の聖域に入る前と下山時には神変堂に一礼するようにしています。

まず形状が似ていることで蛸杉とよばれた木の下で水産会社による蛸供養が行なわれた。次に蛸胴突の碑（木遣塚）が二基建てられた。タコ杉を保護するため柵で囲い、代わりに「開運ひっぱり蛸」の石碑が奉納される。それらの人気に応じて境内に蛸の縁起物が置かれるようになった。これが民間信仰の現在進行例である。

↑蛸の足や口をイメージさせる蛸杉。↑蛸供養（写真：横山一夫氏）。↑ひっぱり蛸。

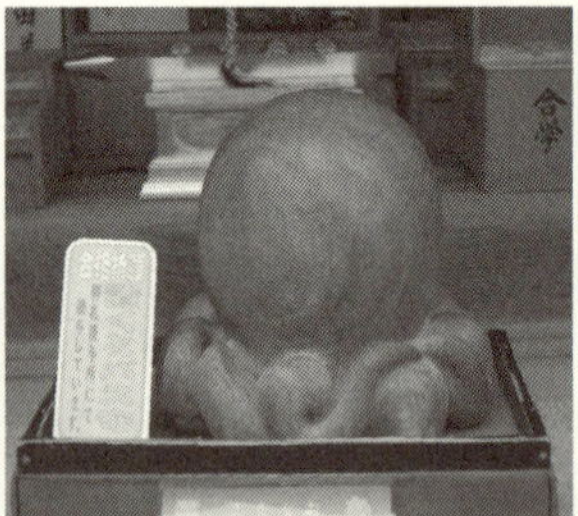

↑「置くとパス」。↗それを持ち上げてみるカップル。
→鉄蛸。こちらは持ち上げるためのものではない。
←権現堂下の蛸胴突碑（木遣塚）。

駒形堂の戒殺碑〈浅草〉

駒形堂の狭い境内の端に解説板を挟んで二基の石碑が立っています。向かって左のものが「戒殺碑」で、昭和二（一九二七）年、関東大震災後に土中に埋まっていたものが発見されたものです。

元禄五（一六九二）年、五代将軍綱吉は生類憐みの令の一環として駒形堂周辺を魚鳥殺生禁断の地とする法度を出しました。「戒殺碑」は、その翌年の元禄六年に建てられています。禁断の範囲は駒形堂を中心とする南北十町余（約一・一キロメートル）の川筋でした。浅草寺としては大いに箔がつくところですが、漁民にとっては迷惑だったことでしょう。

さすがに法度そのものは人民を苦しめた悪法として宝永六（一七〇九）年に廃止されていますが、聖域での殺生禁断は続けられたようです。駒形堂はその後も何度か焼失し「戒殺碑」も倒壊しましたが、宝暦九（一七五九）年に再建されています。

震災後、昭和になって発見された時は大きくいくつかに割れて特に下の部分が損失していますので、最初の碑か再建されたものかはわかりませんが、補修されて今に至っているのです。

ちなみに向かって右の碑は昭和十五（一九四〇）年に建てられたもので、駒形堂や浅草寺の縁起などが彫られています。

神変堂の殺生禁断碑〈高尾〉

浄心門をくぐり、神変堂のすぐ先に「殺生禁断」と刻まれた立派な石碑が威風堂々と建っています。いかにも「ここから聖域である」と参拝者や観光客に宣言しています。

とはいってもこれは昭和五十六（一九八一）年に建てられたかなり新しいものです。文字は先代の三十一世秀順師。何度も書きましたが、修験の寺としての薬王院のイメージを決定づけた貫首・山主です。といいますのも明治五（一八七二）年から終戦に至るまで修験道は禁止されていましたから、秀順師は高尾山に新たに修験道を取り入れ、教義内容、営業方法、境内整備などの大変革を実行したのです。

これまでに何度も盛衰を繰り返してきた薬王院でしたが、秀順師こそが今の高尾山のイメージの土台を決定付けたといえます。その結果が浄心門であり、神変堂であり、この「殺生禁断碑」であるといえるでしょう。さらに現在の三十二世貫首・山主である隆玄師は、その方向性と薬王院人気を着々と固めているように見えます。

以上のことを考えますと、駒形堂と戒殺碑に比べ歴史のほとんどないといっていい位の神変堂と殺生禁断碑ですが、観光客にとっては雰囲気の演出が満足度の指針ですから歴史の重みなどはそれほど重要ではないのです。この二つの対比は今後の庶民信仰を考える上で非常に興味深いものです。

殺生禁断は仏教の慈悲思想から出たもので、定められた一定地域での鳥獣魚類の狩猟を禁じたものだが、鳥獣保護とは目的が違う。一方この思想は一部では毛皮などをを扱う人々への差別を生んだ。これには仏教だけでなく血を忌む神道の精神も加担した。

高尾山薬王院の「殺生禁断碑」

駒形堂の「戒殺碑」

高尾山１号路に建つ両部鳥居の浄心門。門を潜った左に神変堂が見える。

不思議な二つの石碑

浅草寺の「迷い子のしるべ石」

浅草寺観音堂に向かって左に、あまり目立ちませんがよく見るとがっしりした「まよひごのしるべ」と書かれた石柱が立っています。興味をお持ちの方はすぐに「あれか」と思われることでしょう。いわば迷子専門の伝言板です。江戸時代には頻繁に迷子や人攫《さら》いがあったと思われます。まだ天狗が人を攫うと信じられていた頃です。

人通りの多い場所、湯島天神境内（現存。「奇縁氷人石」と書かれています）や一石橋《いっこく》のたもと（現存）、両国橋、筋違《すじかい》見附などに立っていました。浅草寺の南、寿二丁目の永見寺にもありますが、これは後になって誰かが他所から持ってきたものだそうです。

基本的には側面の一方に「たづぬる方」、もう一方に「しらする方」などと彫ってあり、石柱の凹部にそれぞれ行方を捜す人と人相・着衣など情報を知っている人が紙を貼って情報交換するのです。対象は基本的にまだ自分で歩けない子供で、自分で歩ける子は迷子でなく失踪と見なされました。ちなみに保護者が見つからない場合は戸籍がないという理屈になりますから非人預けとなります。

迷子を捜し歩く人々は鉦や太鼓、鍋などを叩いて「迷子の迷子の○○やーい」と夜も更けた江戸の街を歩き廻ります。その光景は淋しく哀れなものだったと伊藤晴雨は『江戸の盛り場』で書いています。

浅草寺のものは幕末の安政七（一八六〇）年に新吉原の松田屋が今の宝蔵門前に建立したものですが、空襲で崩壊したため、今のものは戦後に再建されたものです。

高尾山の「目覚め石」

薬王院の接待所（朱印や護摩の受付、健康登山の押印などをしてくれる）の脇にトイレに通じる小径があります。ここに入ってすぐ左にこの石柱が立っています。今はない道の道標で正面には「是よりびわのたき道」と彫ってあり、願主は前にも紹介しました足袋屋清八という人物で享和三（一八〇三）年のものです。前を通っても気付く人は稀です。

じつはこの石は平成十三（二〇〇一）年の台風で傾き危険になった杉の大木を伐採したところ根元に抱き込んでいたものが発見されたものです。杉は四天王門向かいの茶店の裏に立っていました。

約二百年の眠りから覚めた石ということで目覚め石の名が付けられたという訳です。

梅若伝説や山椒太夫の話ではないけれど、江戸時代でも単純な迷子だけではなく「かどわかし（拉致）」は多かった。天狗は人をさらうと考えられていたため鉦や太鼓の音は天狗に聞かせるためのものだった。諦めて泣き寝入りした場合も多かっただろう。

↑正面：まよひごのしるべ

「たづぬる方」「志らする方」

『江戸の盛り場／伊藤晴雨』より

→薬王院広庭の端に立つ道標群。左から通称目覚め石。「是よりびわのたきみち」とあり享保三（1718）年のもの。中は文化三（1806）年のもので「当山一丁目」とある丁石。右は正面に「是より大山道」左に「是より江のしま道」とあるが年代不詳。

雷門・宝蔵門と四天王門・仁王門

雷門から宝蔵門（仁王門）へ〈浅草〉

浅草といえば雷門で、かつて広小路とよばれた今の雷門通り側から見ると右に風神、左に雷神が立っています。ですから雷門の正式な名称は「風神雷神門」または「風雷神門」です。しかるに今はお気の毒なことに風神は忘れられがちで居候的な存在なのです。創建は天慶五（九四二）年、武蔵守《かみ》・平公雅《たいらのきんまさ》が浅草寺の七堂伽藍を再建した時とされていますが当初は駒形付近にあったそうです。

慶応元（一八六五）年に類焼していますが、この時なんとか無事に避難したけれども倒れてしまった雷神をどうしても起こすことができず大工をはじめ皆が困っているところに一人の婆がやってきて、いとも簡単に起こしてしまったという有名な話があります。名物「雷おこし」のお婆さんだったそうです。もちろん落とし咄です。

さてそれ以降仮設の門は幾度か建てられましたが、昭和三十五（一九六〇）年に松下幸之助氏の私費で再建されています。風神雷神像は上記、雷おこしの常盤堂社長などの努力によって修復されたということです。

雷門の風神、雷神の背中合わせ（北側）には、共に水を司る竜神である女神の「金竜」（菅原安男作）と男神の「天龍」（平櫛田中作）が立っています。特に天龍は不気味な笑顔で私たちを見下ろしており、恐ろしい表情です。これで風・雷・水の神々を祀っており、ここに地震のナマズが加われば災害に対しては完璧なのですが。

雷門をくぐると仲見世ですが、この場所はかつて浅草寺「南谷《みなみだに》」（090頁参照）とよばれていました。参道の両側には十以上の支院が立ち並び「鹿島明神」「秋葉権現」「弁財天」「天照《てんしょう》大神宮」「妙見菩薩」「出世大黒」「涅槃《ねはん》堂」「松尾神」「金毘羅」「不動明王」「石尊《せきそん》大権現」「那智権現」「子育仁王尊」「観音菩薩」などを祀ってそれぞれ人気がありました。

南谷はやがて仲見世となりますが、これは各支院が付近の住民に境内の清掃や雑用を課す見返りとして、軒先に床店とよばれる小屋掛けの店を出す許可を与えたのが始まりといわれます。広小路と観音堂の中間に当たるので仲見世とよばれるようになったということです。ついでながら明治の初め、毒婦といわれて斬首された前出「夜嵐おきぬ」もここで半襟屋《はんえりや》（和服の下着・襦袢に縫い付ける替え襟の専門店）を開いて大評判だったそうです。

また、仁王門（今の宝蔵門）の手前には参拝客が腰をおろして茶（「お福の茶」といった）を飲める二十軒茶屋がありました。仁王門先の楊枝屋とともに看板娘を置くようになり、大変な人気だったそうで、蔦屋の「およし」、堺屋の「おそで」、柳屋の「おふじ」などは美人画のモデルになるほどでした。彼女らが売ったのは楊枝だけではなかったようですが。

かつての仁王門は今、宝蔵門とよばれるだけあって重要文化財の『元版一切経《いっさいきょう》』をはじめとする寺宝などが収容されています。昭和三十九（一九六四）年に大谷重工業社長夫妻より寄進再建されています。外見は二層ですが内部は三層だそうです。

かつて仁王門の右の仁王力士像は疱瘡除けに験《げん》があるといわれ、子供にその股をくぐらせたそうですが、左の仁王はどうなのでしょう。また、仁王像には紙をくちゃくちゃ噛んで自分の病んでいる部分と同じ部分に投げて貼り付けるといいともいわれていましたが、ちょっと迷惑な話ですから、今は全国の仁王さまは金網で守られているようです。

前出『江戸名所図会』の絵図では仁王門の下に特に子供の姿は見られませんが、観音堂のすぐ裏に「ほうそう神」が祀られていますから（095頁）、皆、直接こちらにお詣りするようになったのでしょうか。ついでながら宝蔵門の裏に掛けてある大草鞋《わらじ》も見事です。

浅草寺には他に東側に「二天門」があります。本来は東照宮が存在していたときの「随心門」でした。当初は随神の豊岩間戸命《とよいわまどのみこと》と櫛岩間戸命《くしいわまどのみこと》が安置され、俗に「矢大神門」ともいわれていました。しかし東照宮は寛永十九（一六四二）年、二度目の炎上後この門と石橋を残したまま再建されませんでした。門は慶安二（一六四九）年頃に再建され、明治の神仏分離令後、鎌倉鶴岡八幡宮の「経蔵」にあった四天王像のうち「二天」を奉安したので「二天門」と改称されました。左に増長天《ぞうちょう》、右に持国天《じこく》が安置され昭和二十一（一九四六）年に国の重要文化財に指定されています。

四天王門から仁王門へ〈高尾〉

じつは高尾山の1号路は四天王門の手前まで都道です。ですから途中の浄心門（両部鳥居）は都道を跨いでいるわけです。明治以前まで1号路の入口、不動院前には両部鳥居形式の一の鳥居が聳えていました（014頁）。ここから三十六丁登りますと薬王院の総門・四天王門に至ります。門は昭和五十九（一九八四）年に建てられ、立派な重層入母屋造りの楼門で台湾桧《ひのき》材を使い総工費は五億円だそうです。東西南北にはそれぞれ邪鬼を踏んだ「持《じ》国《こく》天」「広目天《こうもく》」「増長天《ぞうちょう》」「多聞天《たもん》（毘沙門天《びしゃもん》）」が安置されています。この四天王をよく観察しますと、ずいぶん脚が短くて筆者は親しみを感じます。

ところで高尾山の場合、登山口が三十六丁目で四天王門の下が一丁目になります。門の手前右には薬王院中興の祖といわれる俊源大徳の石像、左には前述しました蛸胴突碑が立っています。四天王門をくぐると左側の暗闇から大きな鼻高天狗の面がこちらを睨んでいますが、気付く人はほとんどいません。じつはこの門は江戸時代のものをそのままに再現したということらしいのですが、筆者の知る文化十（一八一三）年から昭和五（一九三〇）年までの高尾山総図資料十二点の内、楼門が描かれているものは五点、『武蔵名勝図絵草稿』や『武蔵風土記稿』などを含む四点には冠木門《かぶきもん》（柵に付いた質素な門）、さらに門すら描かれていないものが三点あるのです。対して仁王門は十一点の資料に描き込まれています。

描かれかたが非常に不規則で、これはどういう訳でしょう。まず考えられることは、絵師が自分の目で確認していないため人聞きや模倣で描いている可能性があるからだと考えます。また高尾山総図は人集めのパンフレットでもあるため描かせる側の願望も入るでしょう。第三章の絵図を時代を追ってご覧になられ検証なさってください。

さて四天王門を出ると「広庭」で、大天狗・子天狗の見上げるような像をはじめ、さまざまな堂宇、ふだ配布所、護摩受付所、ご利益施設などが立ち並び、まるで「信仰ランド」といった風情です。イントロで書きました「カオス族」が現世利益を楽しんでいます。そして広庭の突き当たりには寛政十（一七九八）年建立の「黒門」が建っており、手前を右に折れ石段を上がりますと「仁王門」です。仁王門の先には大本堂が控えています。

仁王門は四天王門に比べ質素で小規模ですが、江戸中期の建立で都の有形文化財です。昭和に入ってからも倒壊、全壊を繰り返しますがそのたびに不死鳥のように再建されます。正面に阿吽《あうん》の仁王様＝金剛力士像、裏には愛嬌のある大小天狗像が安置されています。

門は異界への出入口である。だから私たちも門をくぐるとき無意識のうちに心が引き締まり、外界へ出るときには解き放たれた気分になったりする。「門を叩く」「入門」「門弟」などの言葉があるように、特に寺院の門に入る場合は他界との隔絶を意味する。

↑宝蔵門（かつての仁王門）内側。草鞋は「これを履いて私たちのところにもおいでください」「あなたにあやかって足腰が丈夫になりますように」などの願いから。

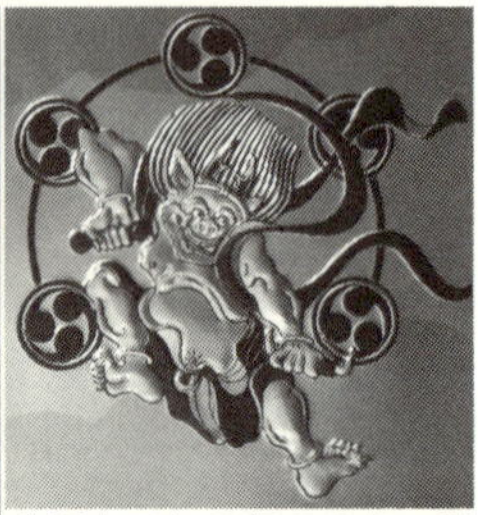

↑雷おこしの缶のふた。雷神が生き生きと描かれている。

↓浅草寺の二天門。

←薬王院の黒門。↓薬王院の四天王門（内側）。

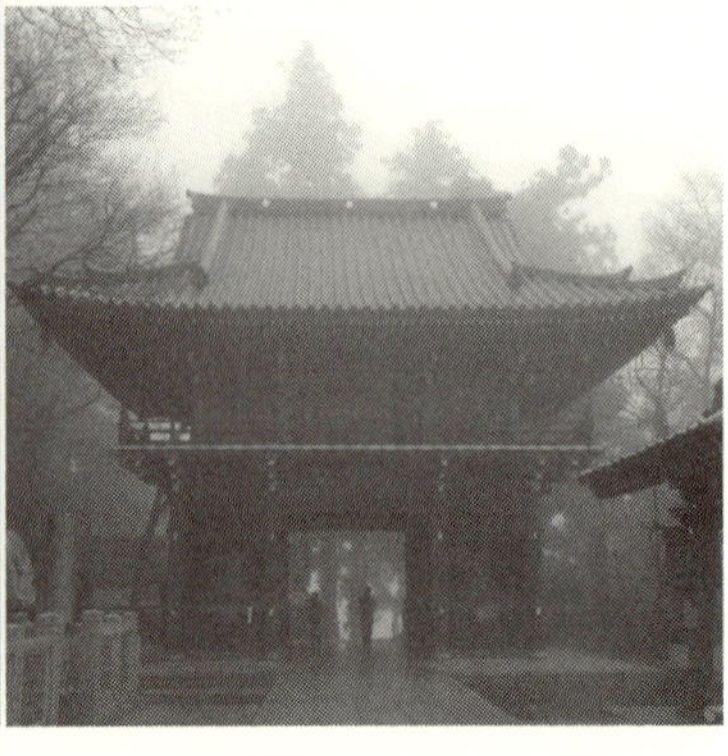

弁天・恵比寿・大黒さまくらべ

浅草寺の老女弁天（銭瓶弁天）

浅草寺宝蔵門の手前右、二尊仏の先に「弁天山」があり、その上に弁天堂と鐘楼があります。山といっても二、三メートルしかありませんが、南麓は弁天山公園になっていて親子以外入園禁止。といって誰かが見張っているわけでも柵で囲まれているわけでもありませんが、筆者のようにカメラを持ったオヤジは最も怪しい人に見られてしまいます。

この弁天山、じつはかつては大仏を安置しようと築かれた山で、大仏山《だいぶつやま》とよばれていたそうです。しかしなぜか大仏は建立されず、今は関東三弁天といわれる「老女弁天」が鎮座しています。老女といいましても小ぶりで可愛らしく、髪の部分がなぜか白く塗られているからなのですが、堂内には六臂の本尊弁財天もおられます。共に頭上に顔が老翁で蛇体の宇賀神《うがじん》を戴いています。宇賀神と弁天は同体とも夫婦ともいわれています。巳の日に開扉されています。

『江戸名所図会』には弁天山の場所に「銭瓶弁天」（091頁参照）と書き込まれています。

ところがこれは『江戸名所図会』などでは今も淡島堂の近くにある「銭塚弁天」と同じ神ではないかと推察しているのです。さらに複雑なことに今は淡島堂の北に銭塚地蔵があります。銭瓶弁天、銭塚弁天、銭塚地蔵とややこしい話なのです。

そこで以下は筆者の推測ですが、①埋まっていた銭瓶が発見された（後述）②そこに祀られていた弁財天を銭塚弁天とした　③大仏が建立できなくなった弁天山に銭瓶弁財天として分祀した　④しかし初代銭塚弁天はそのまま残された　②銭塚弁天の隣にあった地蔵を北に移動し銭塚地蔵として今の場所に安置した　⑤銭瓶と銭塚では紛らわしいので大仏山に移した弁財天を老女弁天と改名した　と考えます。といいますのも「銭瓶弁天」「銭塚弁天」「銭塚地蔵」それぞれが場所を移してまで銭にこだわるのにはそれぞれに言い伝えられた歴史があるからなのです。

銭塚弁天…『江戸名所図会』によりますと「大永二（一五二二）年九月のはじめ、北条氏綱よりの使ひとして富永三郎左衛門、古河の御所へ参りける帰り、当寺の観音へ参詣せしに、折ふし十八日なれば、常よりもことに参詣の人群集す。このとき弁天堂の辺より銭《ぜに》涌き出づることありて、参詣の人この銭をとる。寺僧制しけれどもきかず。富永奇異の思ひをなし、帰りてこのことを氏綱へ申しけるよしを記せり」と、この話は『小田原記』『北条五代記』にあるそうです。今から五百年ほど前の話です。

銭塚地蔵：こちらは今から三百年ほど前、江戸時代享保年間（一七一六〜三五）頃の話です。摂州（今の兵庫県）有馬郡の山口某なる者の妻がある日、寛永通宝のいっぱい入った小壺を庭先で掘り当てました。しかしこれに頼っては家が滅びると考え、誰にもいわずに土中に埋め戻しました。その心掛けによってか一家は繁栄したので、その壺の上に地蔵尊を祀ったそうです。浅草寺では商売繁盛を祈願する人のためにこの地蔵尊の分身を勧請し「銭塚地蔵」と名付けたそうです。塩を供えるので「塩なめ地蔵」ともよばれます。

『江戸名所図会』が書かれたのは天保年間（一八三〇〜四三）で今から百八十年ほど前ですが銭塚地蔵尊は図絵には描き込まれていません。つまり始めに「銭涌き出づること」があって銭塚弁天が祀られ、これが弁天山に分祀されて銭瓶弁天となり、比較的最近、摂州の山口某家の話を元に銭塚弁天の隣にあった地蔵尊を移して銭塚地蔵とした。それで前述の通り銭瓶弁天と銭塚弁天では紛らわしいので、銭瓶弁天を老女弁天とよぶようになったのではないかと思うのですが、何だかややこしい話になってしまい申し訳ありません。

薬王院の穴弁天〈高尾〉

薬王院には本坊の先に福徳弁財天、俗称「穴弁天」があります。メインルートから外れますのであまり知られていません。かつては天然の洞窟で屈みながらやっと通れる広さながら深さは四十メートルほどありました。奥には琵琶を持つ弁財天の立像が彫られた高さ四十センチほどの石碑がありましたが、洞窟は平成十六（二〇〇四）年に崩落してしまい、今では十メートルほどしか入れず、その先は柵で仕切られています。上記の石碑は以上の理由で今は拝めませんが、柵の手前に新たな八臂の座像が安置されました。また、洞窟の入口にも琵琶を持った現代的な顔立ちの弁財天がおられます。その下には小さな湧き水の溜まりがあり、ここでお金を洗うとそれが資本金となって増えるそうです。つまり銭洗い弁天というわけです。ちなみに出入り口でよく頭を打つ人がいますから要注意です。

浅草「年の市」の大黒盗み

明和から寛政前後にかけての五十年間（一七六四〜一八〇〇）ほど、師走十七、八の両日浅草における年の市で売られる大黒さまを盗むことが流行りました。商人の目を盗んで大黒さまを盗み帰ると福運が授かると信じられたのです。それで老いも若きも娘も町人も侍までもが運や福を「間引き」する、つまり万引きを競ったのです。

これには良い年を迎えようとする売り手の商人にとっては大変な迷惑で、大黒さま転じて貧乏神になってしまいます。そのうち恵比寿さままで盗まれるようになった。

一種の縁起行為的な流行となってしまったため、お上が注意をしても一向に止む気配はなかったのですが、商人の内の誰かが考え出したのでしょうか、「盗むより買ったほうがご利益が多い」という噂が広まったとたんにピタリと止んだそうです。

ところで浅草寺の大黒天は「浅草名所《などころ》七福神」の一神として「十二支守り本尊」と一緒に影向堂《ようごうどう》に祀られており、朱印も堂内で求められます。また、それとは別に影向堂の前には恵比寿・大黒天堂の小祠が鎮座しています。

その影向堂の屋根には金箔押の「鴟尾《しび》（沓形）」が乗っていますが、これは火除けのまじないで水中から出た魚の尾を形取り、鯱《しゃちほこ》の原形といわれます。これを取り付けるときには不思議と雨が降るといわれていました。平成六（一九九四）年の夏は記録的な日照りの年でしたが、影向堂にこの鴟尾を取り付けるとその直後から大雨になったそうです。

『江戸名所図会』の中で、大黒天は他に一箇所、南谷の子院に「出世大黒」（090頁参照）が登場しますが今はありません。

薬王院の大黒天〈高尾〉

初めて高尾山に来られたかたで権現堂に向かって左奥に立つ大きな石碑に気付かれるかたは少ないようです。ここには大黒天がダイナミックに線彫されています。明治八（一八七五）年の作で高さは本体だけで二メートルは優に超えており、なかなか立派です。

商売繁盛の神としてだけではなく、鼠を配下にしているため、その害を押さえてもらうため農家や養蚕家の信仰も得ています。左右にも小さな石碑があり左下のものは恵比寿神です。右下のものは福禄寿という説もありますが、筆者はこれも大黒天と見ています。

毎年の初甲子には大黒天祭が行なわれ、その時は茶飯が捧げられます。長い箸で少しだけ手にとり一口いただくのが礼儀です。

何よりもここで筆者が興味深く思うのは、大黒天像に向かって右奥に荼枳尼天《だきにてん》を祭神とする福徳稲荷社があることです。

もちろん偶然だと思いますが、じつはかつてインドにおいて荼枳尼天（ダキーニー）が人間の心臓や血肉を喰らう女夜叉だった頃（前述124頁）、大日如来に命じられて彼女を脅し降伏《ごうぶく》させ、仏教に帰依させたのが大黒天（マハーカーラ＝暗黒の支配者）だったのです。つまり大黒天は荼枳尼天の保護観察官みたいなもので、それで筆者は「遠く日本まで来て確固たる地位も確立しているのに、こんなところでまだ大黒天に睨まれているなんてお気の毒に」と秘かにオタクな気分に浸っているわけです。

恵比寿・大黒天は高尾山6号路に入ってしばらくすると右側に見られる洗心七福神（薬王院の管轄ではありませんが）の中や、大師堂脇の延命地蔵の脇にあるガラスケースに入った超ミニ七福神の中でも見られますが、何といってもこの線彫石碑が一番です。

弁財天、恵比寿尊、大黒天は七福神のメンバーでもあり、その中でも大衆的で親しみやすい神仏といえる。同じように親しみやすいお地蔵さんと比べても、救いや供養などの仏教的イメージが少なく、具体的には金銭的な現世利益を期待できるからだろう。

↑浅草寺弁天山、左の石垣の上には時の鐘の鐘楼。
↗老女弁天。
→影向堂の大黒天

↑初甲子の茶飯。
←薬王院の大黒天。
↙穴弁天入口。
↓かつて洞窟の奥にあった弁天碑。↘今の六臂像。

薬師如来と地蔵菩薩くらべ

浅草寺の薬師堂

浅草寺薬師堂は薬師如来座像が本尊です。他に薬師如来の眷属である十二神将も祀られています。普段は中を覗いてもほとんど中央の厨子しか見えませんが、その両脇にズラリと仏像が並んでいる気配がします（覗く場合は、少なくとも靴を脱いでください）。しっかり確認したい方は毎月八日の十時から法要が行なわれますので、この時がお薦めです。

薬師堂はかつて、すぐ近くの堀に橋が架かっていたため橋本薬師堂とも呼ばれましたが、今は場所が移動されています。とはいえ『江戸名所図会』にもほぼ同じ位置に描かれていますので多少の移動だと思われます（095頁）。徳川家康は薬師如来を深く信仰していたということで、その祖父を尊敬していた三代将軍家光によって再建されたのが慶安二（一六四九）年です。六角堂、二天門と並んで現存する古建築の一つに数えられています。

また、筆者は確認していませんが、冥界で死者の罪行を裁く閻魔王をはじめとする十王《じゅうおう》もここに祀られているそうです。かつては境内に閻魔堂があったのですが（096頁）、今はありませんので仮に安置されているのでしょうか、薬師如来と十王との関係は不思議です。

薬王院の薬師如来〈高尾〉

今の薬王院は密教寺院ですが、どちらかというと薬師如来は顕教《けんきょう》（空海が密教のほうが優れているとした。基本的には奉ずる教典の違い）系の仏尊だからでしょうか、寺号のわりに山内ではほとんど存在感のない仏尊です。明治期半ばの絵図（111頁）まではメインの場所に薬師堂が存在し、飯縄権現と薬師如来はほぼ同格本尊として併祀されていましたが寺内の堂宇群が大改修されてから薬師堂は山内から姿を消しています。縁起による行基菩薩が彫ったという薬師如来像の話も雲散霧消してしまいました。

薬師如来は名が示す通りもともと病気平癒や薬の神仏ですから、医療の発達していない時代、多くの病人は薬師如来に縋《すが》ったことでしょう。しかし薬王院に密教と修験（飯縄権現）が入ってくると、徐々に薬師如来の存在が後退していったようです。とはいえ古文書などを見る限り、時の権力も薬王院は薬師如来を本尊としている寺院と認識していました。

庶民にとっての祈りは本尊がどの仏尊であろうが、大した変わりはなく、やはり薬王院には病気平癒なども祈願していたようです。それは今も続いており薬王院における薬師如来の存在意義が消えたわけではありませんが、薬師堂くらいは再建して欲しいものです。

とはいえ本堂には飯縄大権現前立の周囲に十二神将が祀られ、広庭にも平成十五(二〇〇三)年に十二神将の姿と十二支を彫った高さ四メートル、十二角の方位塔が京王電鉄から寄進されています。

浅草寺の地蔵尊

境内では何といっても前述「銭塚地蔵」が有名です。この地蔵堂の脇には姿を留めないほど削られてしまった「カンカン地蔵」もありますが、じっさいに地蔵尊だったかどうかは不明。ほかにも周辺には六体ほどの地蔵菩薩の石碑があります。

また、かつては「因果地蔵」という縁結びで人気のあるお地蔵さまがいました。「久米平内堂の項」(116頁)でも書きましたが、何かの因果で見初《みそ》めてしまった相手との縁を取り持ってくれたそうです。

また、今も影向堂の前に立つ「六地蔵石幢《せきどう》」は石造りの六角柱に六地蔵尊を彫ったもので久安二(一一四六)年に源頼朝の家臣・鎌田兵衛政清の奉納といわれています。周辺には他にも「めぐみ地蔵」「出世地蔵」「商徳地蔵」「子育地蔵」があります。

観音堂周辺に「平和地蔵」「母子地蔵」他一体。観音堂裏の築山周辺に三体の立像。薬師堂の隣、浅草寺最古の建造物である六角堂に「日限《ひぎりの》地蔵尊」。新奥山に一体。通常は入れない伝法院の中にも二体あります。

鎮護堂にも昭和五十四（一九七九）年に水子地蔵が建立され多くの女性参拝者が訪れています。毎月二十四日午前十時に水子供養法要が行なわれます。ここには破損した首をつないだために名付けられ、首がつながるとサラリーマンに人気のある「加頭地蔵尊」、出世や子育ての「おやす地蔵尊」などもあります。

筆者が知る限りでも三十体以上（六地蔵石幢《せきどう》は六体と数えて）が祀られています。地蔵菩薩は閻魔王の本地《ほんじ》（本質）ですから、江戸時代にあった閻魔堂にも祀られていたはずです。

薬王院の地蔵尊〈高尾〉

筆者が知る限りでは大師堂横に立派な延命地蔵の座像が一体。1号路の金毘羅台からの合流地点に一体。洗心七福神の石仏群の中に、確認できる限りで十体ほどあります。

ところで山内では赤い前垂れや毛糸の帽子を被せられた石仏を多く見かけます。まるでお地蔵さんのように見えますが、これはほとんどが八十八カ所巡りの弘法大師座像です。信心深く殊勝なかたが被せて歩いておられるのでしょう。しかし仏尊を確認しながら歩く身としましては、場合によっては前垂れを捲《まく》ったりしなければならず、そのような時は「ちょいと失礼いたしますよ」と仏尊にお断りしますので少々面倒ではあります。

民間で最もポピュラーな仏尊は「お地蔵さん」だろう。ところが薬王院で最も多く見られる石仏は「お大師さま」である。しかし共に赤い帽子と前掛けを被せられてはあまり区別が付かない。つまり素朴な信仰心が仏尊を区別していないからだろう。

↑浅草寺の薬師堂。
↗ 浅草寺の銭塚地蔵。

↑今の薬王院大本堂がある場所にはかつて護摩堂、薬師堂、大師堂（大日堂）が並んでいた。

↑浅草寺の商徳地蔵は美人だ。
←高尾山の十丁目丁石と前掛けをした弘法大師像。お地蔵さんではない。

第五章 附《つけたり》 浅草寺と薬王院の秘かな楽しみ方

筆者は信仰や歴史に関してこんな楽しみ方をしています。
まず宗教の提唱する教義や縁起を疑うことから始め
勝者の足跡だけを記録した歴史を疑います。
特別斜《はす》に構えるわけでもなく「無条件の納得」を一度見直して
そこに自由な発想と解釈を加えてみる。これが新発見の原点です。

私説・消えた浅草寺本尊の行方

これまでに何度も述べてきましたが、絶対秘仏とされる浅草寺の観音像についてです。開帳仏など浅草寺には何体もの観音像が祀られています。しかし本尊に関するどのような説が飛び交おうと秘仏はあくまでも一寸五分の黄金製でなければなりません。ところが伝説の人物以外、生きてこれを見た者はいないのです。そこで筆者なりにこれまでの歴史や伝説を整理してみますと、一つのストーリーが浮かび上がってきました。

そもそも観音像を海中から網に掛けたのは檜前《ひのくま》兄弟と主人の土師眞中知《はじのまつち》の三人です。それで今も三社権現として盛大に祀られているわけです。三社祭りは世界的にも有名なイベントになっていますから、浅草寺縁起のもくろみは、おそらく当時の制作者が予想だにしなかった大成功といえるのです。

前にも書きましたが、その大祭の主人公、土師眞中知は能見宿禰《のみのすくね》の末族とされており、宿禰は出雲の勇士で、垂仁天皇に仕えていました。皇后の葬儀にあたり殉死に代わる埴輪の制を考案して土師臣《はじのおみ》の姓《かばね》を与えられたほどの貴族出身です。したがって眞中知も漁師などではなく、埴輪をはじめとする古墳造築の技術者であった可能性はあります。

一方の檜前氏とは、九二七年編の『延喜式』に「武蔵国檜前の馬の牧」の文字が見られるように、待乳山一帯に牧場を営む土地の豪族だったと考えられています。浅草寺の東を走る馬道通りの名は、当地に牧場があった名残だという説もあるほどです。祖は漢人阿知《あち》王《おう》（後漢霊帝の後裔といわれ、征夷大将軍坂上田村麻呂の祖）と共に来訪した帰化人でした。また、『続日本後記《しょくにほんこうき》』には「檜前舎人連《ひのくまのとねりむらじ》は土師氏と祖を同じうする」とあります。つまりこの三人は同族だったわけです。

そこで観音像に関する筆者の推測は以下の通りです。
① 職司を追われるなど何らかの理由で都から檜前兄弟を頼って下ってきた土師眞中知のため、兄弟が貴種である土師臣のために館を築き提供した場所が現在の待乳《まつち》山だと考えられます。この山は真土《まつち》山、亦打山、松山、さらに眞中知山とも表記されます。周辺の「山の宿」「山谷」などの山は、この山を指すものといわれますから、高さはそれ程ではないとしても周辺からは見上げるほどの威容を誇っていたと思われます。
② ところでこの山は観音像出現の前触れとして一夜にして地上から涌き出た山で、その時そこに金龍が舞い降りたといわれており、それゆえ浅草寺の山号は金龍山となっています。つまりこの話は浅草寺と待乳山は一体であることを強調しているわけです。

一方、金龍山つまり待乳山はそもそも山を利用して築かれた古墳であったともいわれています。

③ 尊像の大きさからみて観音像はもともと帰化人とされる土師氏の持仏《じぶつ》（携帯仏）か、檜前《ひのくま》一族の祖先が渡来時に身につけてきた持仏であった可能性が高いと思われます。

④ 眞中知《まっち》亡き後に土師氏や檜前氏の後裔たちがこの丘の古墳に主人を葬りました。古墳は再築・改築かもしれません。ゆえにこの場所は眞中知山とよばれ、そこに副葬品として彼らの持仏であった黄金の観音像を納めたのです。ということは待乳山こそが浅草寺の本尊（奥社）なのかもしれません。

⑤ 後の世になり武州千葉氏がこの山に居城を築いたり（これが石浜城との説もある）、江戸時代には日本堤を築くため山は徐々に崩されます。その間、誰かが観音像はじめとする副葬品を発見し、そのまま私物化した。

いや、ひょっとしたら今も本尊は待乳山聖天堂の地下に眠り続けている。

というロマンは、いかにも浅草名物の電気ブランが似合う話ではないでしょうか。

いずれにせよこれらの話を考え合わせますと、この観音像は渡来以来、壮大な距離と時間を旅して伝説と化し、その存在の有無にかかわらず、なお人々の信仰を獲得し続けていることになるのです。

「待乳」の由来〈浅草〉

話は変わりますが、真土山の土（真土とは良質の土という意）、埴輪・土器の製作技術者である土師氏、真土山の麓で焼かれた浅草名物・今戸焼きと揃ったところで、この三者は無関係なのでしょうか。現在、今戸焼きの窯元はわずか一軒しか残っていません。しかも現在使われている土は真土山の土ではなく滋賀県産の「すいひ赤土」だそうです。これまで誰も真土と今戸焼きの関係を語っていません。

また真土がいかにして待乳に変わったのかも謎です。どの地名辞典にも書いてありません。そこでまたまた筆者の推測です。

観音像発現前、金龍が山に巻きつくまで一帯は日照り続きで庶民は飢渇《きかつ》していたといいます。そこで水の神である龍神が慈雨を降らし、まるで飢えた乳飲み子に乳を与えるかのごとくだったので、人々は謝意を末代まで残すため山の名を真土山から優しく慈悲溢れるイメージを持つ待乳山としたのではないかと。

もしくは、穿《うが》った見方で罰《ばち》が当たるかもしれませんが、今は二股大根などで我慢を強いられている聖天様（大聖歓喜自在天）の女体好きをお慰めするために名付けたのか、これまた謎であります。

筆者が推薦する高尾山のパワースポット

東京都高尾パークボランティア会（以下「ボラ会」）で歴史教室や案内などをしていますと、よく「パワースポットを教えてください」と質問されます。本来ならば「山全体ですよ」といいたいところなのですが、いや、実際にそうなのです。しかし、最近は特に土日の天気の良い日などは登山者、観光客が山道を麓から山頂まで行列していますので、とてもそのようなことをいっても、この異常な混雑ぶりで、幽玄さからはほど遠く、雰囲気的にもなかなか納得していただけません。そこで日頃から筆者が秘かに祈りを捧げ、パワーをいただいているポイントを読者の皆さまに教えて差上げます。ぜひ訪れてみてください。

気が集まるパワースポット・磁石石《じしゃくいし》と狛犬

人々が行列して山頂を目指す流れのすぐ脇にあります。階段の途中からしか全体像が見えないからでしょうか、皆さんが気に留めないのが不思議なくらいです。この石が自ら必死に気を押し殺しているのではないかと思われるほどです。明治四十三（一九一〇）年に神田市場から奉納された一辺一メートル弱、高さ五十六センチほどのサイコロ形のどっしりした石で、質量もおそらく山内で一、二を争うものと思われます。ここまで運ばれて据えるまでには大変な労力がかかったものと思われます。方角もかなり正確に東西南北(十二支の子《ね》から亥《い》まで）を指しています。

階段の両脇に鎮座する狛犬も立派で寛政三（一七九一）年、江戸鎌倉河岸から奉納されたものです。石工《いしく》は同じ親方の下、別々の弟子が彫ったということで珍しい例だそうです。ボラ会の先輩が古写真を見て発見したのですが、かつてこの狛犬は権現堂の前に鎮座していました。昭和も戦後になって建立された大天狗・小天狗の銅像に取って代わられたようです。さらにこれらの石像を見下ろす斜面には不動明王の眷属、三十六童子が一堂に勢揃いして立っており、パワースポットとしての気の集中度はかなり高いものがあります。

高尾山の本源・荼枳尼天社《だきにてんしゃ》（福徳稲荷）と天狗社

その階段を上りきると大きな鳥居があり、その目の前が朱塗りで極彩色の彫刻に飾られた飯縄権現堂です。この彫刻だけでも一見の価値はあるのですが、筆者お薦めのスポットは権現堂の左に広がるスペースです。鳥居が立ち並び、奥に「福徳稲荷社」横に「飯縄社」と「大小天狗社」「大黒天碑」などがあります。このスペースは登山道から外れているため、いつも閑散としています。しかし、ここに稲荷社があるのは非常に重要なことなのです。古絵図では単に「イナリ」とか「鎮守社」などと標記されている場合もありますが、今は「荼枳尼天《だきにてん》」を祭神とした稲荷社です。

これまでに何度も述べてきましたが薬王院の本尊は飯縄大権現で、その本源は荼枳尼天と天狗です。さらに皮肉なことに、もちろん偶然と思われますがインドで夜叉だった頃の荼枳尼天（ダキーニー）を調伏して仏教に帰依させた大黒天（マハー・カーラ）までが同じステージに祀られて、今でも睨みをきかせているのです。これらの神々の相関的ベクトルが交差した場こそパワースポットとよぶに相応しい場所だと考えます。

霊気漂う・高尾山薬王院の山頂

山頂といいましても観光客がお弁当を拡げる地理的な山頂ではなく、薬王院境内の「奥の院」と「浅間社」のある山頂です。登山道からはほとんど見えないのですが、じつはこの「浅間社」のすぐ奥に古い護摩壇があります（現役の護摩壇は有喜苑広場にあります）。「奥の院」の左側からも入れます。土日でも人はめったに立ち入らない。そしてこの護摩壇の奥に山内で一番古い石像といわれる延宝四（一六七六）年銘のある「初代飛び飯縄像」が立っています（054頁）。幽玄さに満ち満ちて無条件にパワースポットといえる場所です。

↑正確な方角を刻む明治四十三（1910）年の磁石。

↑寛政三（1791）年の狛犬。

↑福徳稲荷の祭神は荼枳尼天。

↑手前が天狗社。奥は飯縄権現社。

↑今は使用していない護摩壇。ここが高尾山の山頂だった。

↑奥の院。

見守り続けたい神木たち

浅草寺では戦災を耐え抜いたイチョウが神木となって数本残っています。一方の高尾山には膨大な種と数の樹木が生えています。それらの中でも特に筆者が「神木に相応しい木、あるいは将来的に神木になり得る木」として注目している樹木を紹介しましょう。

そもそも神木とは「神の目に留まりやすく、降臨したり寄り憑くように目印とした木」のことです。ですから御柱《おんばしら》も神木の一種です。誤解してならないのは、ほとんどの場合、樹木そのものが神様というわけではないということです。それはあくまでも憑坐《よりまし》です。その意味で正月の門松やお飾りも一種の神木です。

神木とされるにはいろいろな条件があります。まず、神聖な場所に生えている、目印になる、変わった樹形である、蛇などが棲みつく、二股に分かれている、枝の間から朝日が差し込む、大きな洞がある、連理である、など地域によってもさまざまです。

そこで筆者が読者の皆様にもぜひ注目していただきたい神木たちをご紹介します。

仲良しの木：1号路を上り薬王院を抜けて「いろはの森コース」に差し掛かる手前にあります。二本のモミの下部がまるで夫婦のように一体化して互いに抱き合っています。これが境内でしたら注連縄を架けられて「夫婦樅《みょうともみ》」などと称され、前に賽銭箱が置かれて当然です。ひょっとしたら「恋愛成就」「夫婦和合」などと書かれた絵馬などが鈴生りにぶら下がっていてもおかしくありません。筆者が大好きな神木です。

山の神：木の種類は未確認です。6号路を上がるとすぐに妙音橋の手前で路が二手に分かれます。6号路は左ですが右は高尾病院への急坂になります。この坂を上がると左手に見えてきます。筆者が「山の神」とよぶ、神々しい鹿のような、不思議というか、不気味な顔を持つ異形の樹です。幹の途中にも中に根か枝を垂らしたような洞が見えます。大木ではありませんが神木と呼ぶに相応しい威風を備えています。

綾取りの木：やはり1号路にあり、浄心門、神変堂を過ぎた左側（谷側）にあります。ボラ会の先輩に指摘されたものです。山桑ですがまだ大木ではありません。つまり神木見習いです。枝が綾取りのように複雑に絡み合っており、その丸い隙間から朝日が射すようになれば完璧です。今後、長い年月を掛けてどのように成長していくのが非常に楽しみです。

高尾山には他にも多くの名のある樹木が今も存在し、またかつて存在もしていました。前述した「蛸杉（一本杉）」「飯盛《めしもり》杉」「天狗腰掛杉」「江川杉」「北山台杉」などのほかにも山中に九十本ほど存在するといわれる橅《ぶな》、中でも数年前に倒れた「ブナ太郎」や、現存する「美人ブナ」、山にたった一本だけあったという「針樅《はりもみ》」、古絵図に登場する「城見桜」「千歳樫」「二本松」などです。庶民が命名した木もあるのでしょう。皆様もご自分だけの神木を捜されてはいかがでしょう。木を伝って幸運が降りてくるかもしれません。

↑誰もいないと囁き合うような「仲良しの木」→

←不気味な顔の「山の神」

←山の神

←↑一人遊びをしている「綾取りの木」

富士に祈りを捧げる最適スポット

今は薬王院の一番奥に浅間社があります。しかしなぜか薬王院のかつての裏門から続く道を「富士山道」「富士路」とよんでいます。古絵図にも出ています。

ここは比較的登山者も少なく山道の雰囲気も充分楽しめます。山側にはボク石（富士山の火山岩。富士塚などを築く際にも用いる）を積んだ石垣も多く残っています。この道を進み山頂下で大きく右折すると山頂下のトイレに出ますが、そのまま進むと5号路に入り山頂を巻いて、さらに一丁平方面に進むと二股になって右はメインの道で「もみじ台」に、左は比較的荒れた道で、富士見台、富士見園地を経由し、その先は大垂水峠へ向かいます。富士見園地といってもろくに整備もされていない猫の額ほどの広場です。だいぶ木が茂ってきて見にくくなりましたが、ここからの富士山の展望は見事でした。

この園地に富士山をご神体として拝めるような小祠を建てれば完璧な浅間社となります。しかし、ここは薬王院の境内からも外れ、かつてここに浅間社があったことを唱える人は今ほどんどありません。調査をした方もいらしたようですが、結果が出なかったのでしょう。それで富士見園地の浅間社のことは、すっかり忘れられ誰も口にしなくなりました。

しかし「富士山道」をごく素直に進めばここに出るのです。この道は江戸時代の中期以前、富士信仰の人々が通った道だと筆者は考えているのです。

↑富士見台園地。周囲は樹木に覆われ富士山が見にくくなってしまった。
→それでもチラリと山頂を見せてくれた。写真：竹谷靱負氏（二点とも）

今の薬王院の浅間社。

↑さすがに富士山道の山側は一部ではあるが「ボク石（火山岩）」で補強されている。

主な参考文献　＊出版年度は第一刷発行年のみ表記

浅草関係

『江戸の盛り場』著：伊藤晴雨／富士書房／1947

『浅草』著：野一色幹夫／富士書房／1953

『浅草寺史談抄』著：網野宥俊／浅草寺教化部／1962

『浅草 その黄金時代のはなし』編：高見順／新評社／1973

『江戸から東京へ（二、三）』著：矢田挿雲／中央公論社／1975

『金石碑 浅草寺』編：浅草寺教化部／1975

『浅草底流記』著：添田唖蝉坊／刀木書房／1982

『江戸浅草 町名の研究』著：小森隆吉／叢文社／1984

『江戸神拂 願懸重寶記』著：萬壽亭正二、編：大島建彦／国書刊行会／1987

『江戸名所図会を読む』著：川田壽／東京堂出版／1990

『台東区史跡散歩』著：松本和也／学生社／1992

『図説浅草寺 ―今むかし―』編・発：金龍山浅草寺／1996

『新訂 江戸名所図会（巻之六）』校訂：市古夏生、鈴木健一／ちくま学芸文庫／1997

『隅田川の伝説と歴史』編：すみだ郷土文化資料館／東京堂出版／2000

『浅草寺（第532、533号）』「江戸の見世物①②」著：川添裕／浅草寺教化部／2005

『東京の地名由来辞典』編：竹内誠／東京堂出版／2006

『宮田登 日本を語る 9 都市の民俗学』著：宮田登／吉川弘文館／2006

高尾山関係

『高尾山誌』著：逸見敏刀／上田泰文堂／1927

『今昔物語集 四 日本古典文學大系』校注：山田孝雄、忠夫、秀雄、俊夫／岩波書店／1962

『大日本地誌大系 新編武蔵風土記稿（第五巻）』雄山閣／1996

『高尾山』著：村上直、山本秀順／高尾山薬王院／1978

『太平記 四』校注：山下宏明／新潮日本古典集成／1985

『武州高尾山をめぐる庶民の信仰』編：八王子市郷土資料館／八王子市教育委員会／2003

『かえで別冊 高尾山話』著：落合一平／東京都高尾パークボランティア会／2005

『高尾山薬王院文書を紐とく』編著：村上直／発行：ふこく出版／発売：星雲社／2005

『案内図にみる 多摩陵・高尾と八王子』編：八王子市郷土資料館／八王子市教育委員会／2006

『高尾山の記念碑・石仏』著：縣敏夫／高尾山薬王院／2007

『生態と民俗』著：野本寛一／講談社学術文庫／2008

『武州高尾山の歴史と信仰』著：外山徹／同成社／2011

『富士山文化』著：竹谷靱負／祥伝社／2013

『高尾山報 平成28年5月号』「高尾山歴史の散歩道 50」著：外山徹／高尾山薬王院／2016

『高尾山石老山記』著：竹村立義／編：八王子市郷土資料館／八王子市教育委員会／2015

■協力：東京都高尾パークボランティア会「歴史研究会」

浅草寺案内図

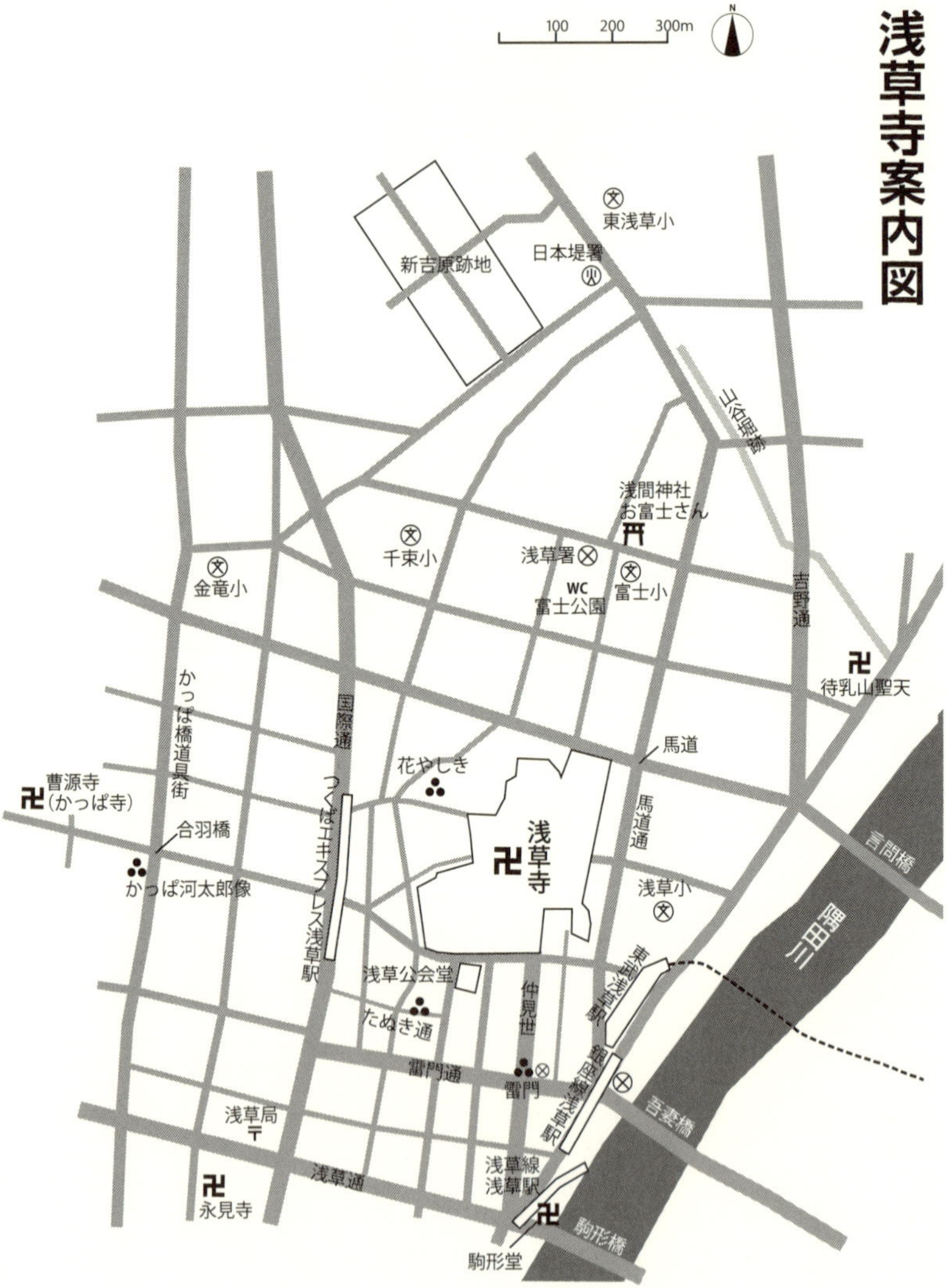
100 200 300m
N
東浅草小
日本堤署
新吉原跡地
山谷堀跡
浅間神社
お富士さん
千束小
浅草署
金竜小
WC
富士公園
富士小
吉野通
待乳山聖天
かっぱ橋道具街
国際通
馬道
花やしき
曹源寺
(かっぱ寺)
合羽橋
かっぱ河太郎像
つくばエキスプレス浅草駅
浅草寺
馬道通
浅草小
言問橋
隅田川
東武浅草駅
浅草公会堂
たぬき通
仲見世
銀座線浅草駅
雷門通
雷門
吾妻橋
浅草局
浅草通
浅草線浅草駅
永見寺
駒形橋
駒形堂

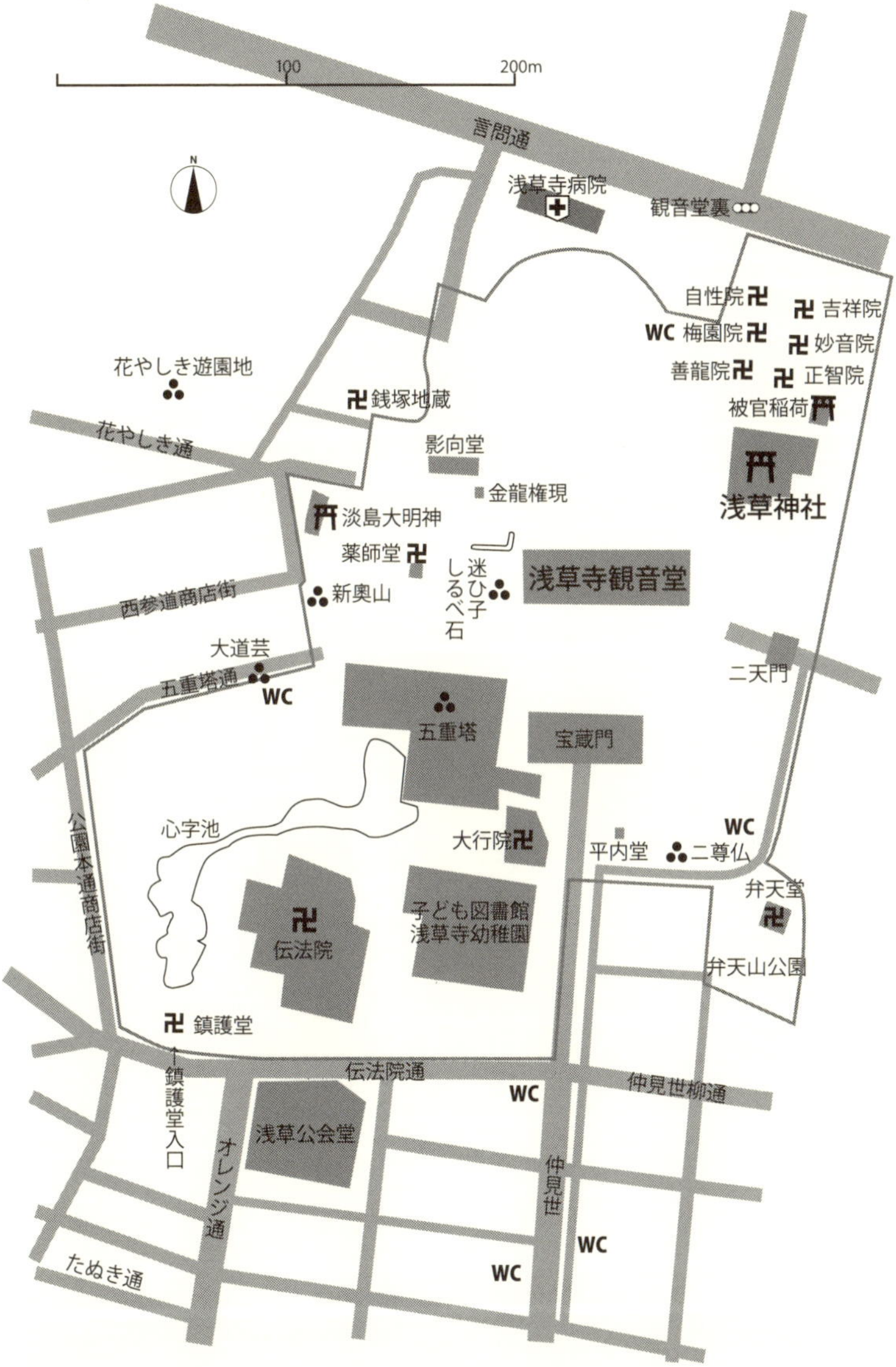
100
200m
N
言問通
浅草寺病院
観音堂裏
自性院
吉祥院
WC
梅園院
妙音院
善龍院
正智院
被官稲荷
浅草神社
花やしき遊園地
銭塚地蔵
花やしき通
影向堂
金龍権現
淡島大明神
薬師堂
浅草寺観音堂
迷子しるべ石
新奥山
西参道商店街
大道芸
五重塔通
WC
二天門
五重塔
宝蔵門
心字池
大行院
WC
平内堂
二尊仏
公園本通商店街
弁天堂
子ども図書館
浅草寺幼稚園
伝法院
弁天山公園
鎮護堂
鎮護堂入口
伝法院通
WC
仲見世柳通
浅草公会堂
オレンジ通
仲見世
WC
WC
たぬき通

薬王院案内図

富士見台園地
もみじ台
大垂水へ
WC
日影沢
5号路
高尾ビジターセンター
高尾山
江川杉
いろはの森コース
1号路
2号路
6号路
炊谷
仲良しの木
100 200 300m
富士山道
飯縄権現堂
みやま橋(吊り橋)
薬王院
飯盛杉
大杉原
3号路
綾取りの木
神変堂
浄心門
千代田稲荷
蛇滝
行ノ沢
タコ杉
清瀧権現
稲荷山コース
高尾山駅
6号路
1号路
山上駅
琵琶滝
不動堂
古滝跡
ケーブルカー
山の神
エコーリフト
表参道(1号路)
金比羅神社
妙音橋
甲州街道
清滝駅
山麓駅
一の鳥居跡
不動院
清滝
案内川
氷川神社
自動車祈祷殿
京王線
高尾山口駅

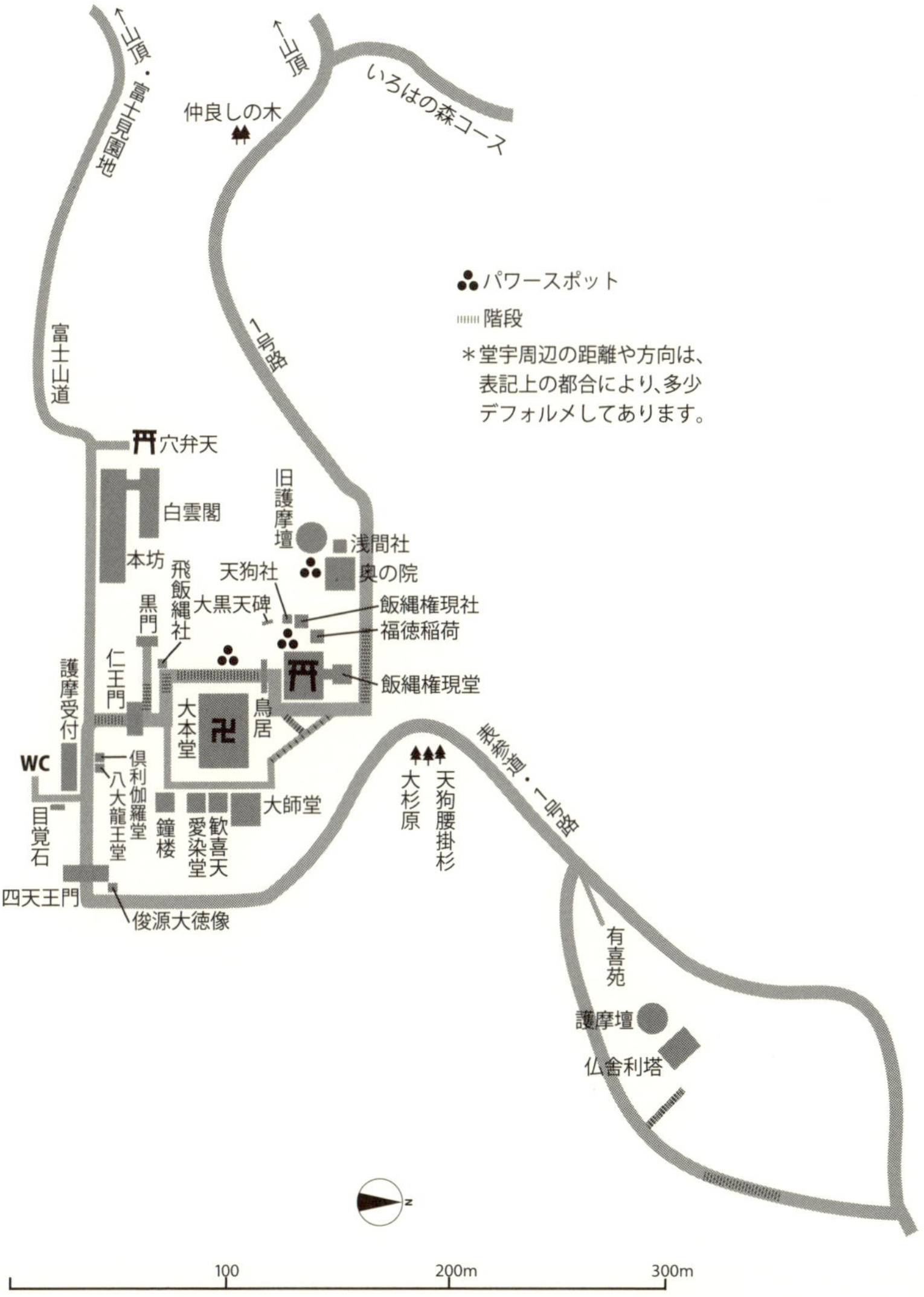

←山頂・富士見園地
←山頂
いろはの森コース
仲良しの木
パワースポット
階段
＊堂宇周辺の距離や方向は、表記上の都合により、多少デフォルメしてあります。
1号路
富士山道
穴弁天
白雲閣
本坊
旧護摩壇
浅間社
奥の院
天狗社
大黒天碑
飯縄権現社
福徳稲荷
飯縄権現堂
飛飯縄社
黒門
仁王門
護摩受付
WC
大本堂
鳥居
倶利伽羅堂
八大龍王堂
目覚石
鐘楼
愛染堂
歓喜天
大師堂
四天王門
俊源大徳像
大杉原
天狗腰掛杉
表参道・1号路
有喜苑
護摩壇
仏舎利塔
100
200m
300m

著者（案内人）……川副秀樹（かわぞえ・ひでき）

■1949年立川生。中央大学経済学部卒。G・デザイン事務所経営を経て現在、著作・編集業・民俗学研究者。'03～「東京都高尾パークボランティア会」会員（'16現在副代表）。'06～神職体験及び御幣制作などの研究を開始。'11～武蔵野市の「古文書の会」会員。
■メダカ飼育暦50年。飯縄信仰や第六天信仰などの庶民・大衆信仰研究をライフワークとする。また'50～'60年代の黒人音楽（Soul Music, R&B）に造詣が深く入門書などを編集、自らもSOULグループ「The 49ERS」を組み年数回の演奏活動を続けている。
著書読者を中心に「発掘散歩隊」を結成、年5回ほど実施。詳しくは（https://www.facebook.com/東京発掘散歩隊-1520989044789325/）。
■著書：『雑学 ご先祖様の知恵袋』（黒鉄ヒロシ監修／宝島社／'04）、『スキャンダラスな神々』（龍鳳書房／'06）、『八百万のカミサマがついている！』（志學社／'08）、『絵解き・謎解き 日本の神仏』（彩流社／'10）、『東京「消えた山」発掘散歩』、『東京の「年輪」発掘散歩』、『東京の「怪道」をゆく』『クラフトワーク縁結びの神さまをつくる』（以上言視舎／'12～'14）ほか企画編集書多数。

装丁、DTP制作、撮影、地図………Hi-Studio

浅草と高尾山の不思議
東京を再発見する大人の旅

発行日❖2016年8月31日　初版第1刷

著者
川副秀樹

発行者
杉山尚次

発行所
株式会社言視舎
東京都千代田区富士見2-2-2　〒102-0071
電話03-3234-5997　FAX 03-3234-5957
http://www.s-pn.jp/

印刷・製本
中央精版印刷（株）

ISBN978-4-86565-062-4 C0025